JN297842

「ストウブ」で
ひとりごはん、ふたりごはん

サルボ恭子

大泉書店

ひとりごはん、ふたりごはん

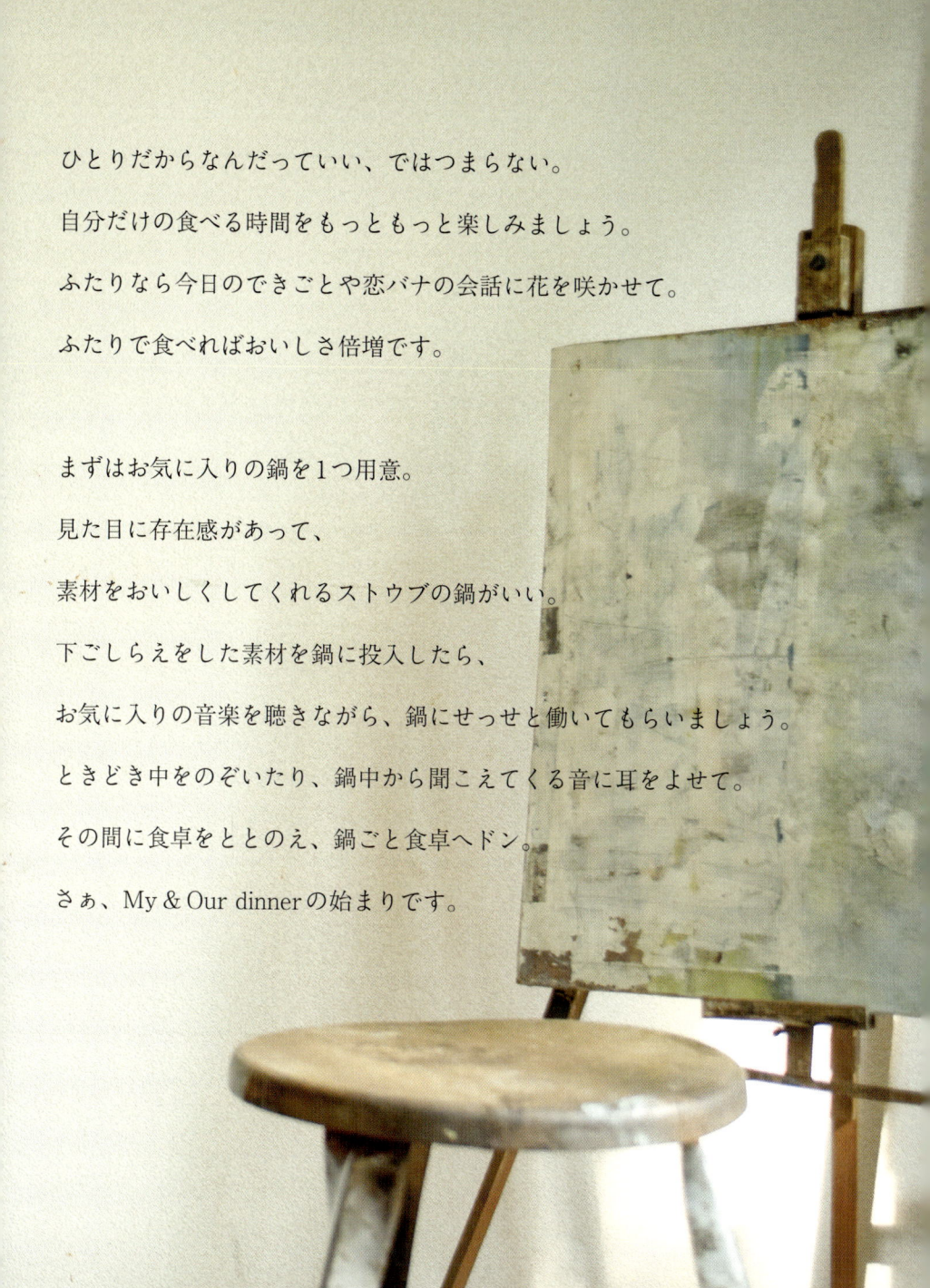

ひとりだからなんだっていい、ではつまらない。
自分だけの食べる時間をもっともっと楽しみましょう。
ふたりなら今日のできごとや恋バナの会話に花を咲かせて。
ふたりで食べればおいしさ倍増です。

まずはお気に入りの鍋を1つ用意。
見た目に存在感があって、
素材をおいしくしてくれるストウブの鍋がいい。
下ごしらえをした素材を鍋に投入したら、
お気に入りの音楽を聴きながら、鍋にせっせと働いてもらいましょう。
ときどき中をのぞいたり、鍋中から聞こえてくる音に耳をよせて。
その間に食卓をととのえ、鍋ごと食卓へドン。
さぁ、My & Our dinnerの始まりです。

| 目次 |

- 006 ストウブの鍋の特徴
- 110 本書で使ったストウブの鍋

ひとりごはん

- 012 蒸し焼きしいたけ
- 013 なすのコチジャン蒸し焼き
- 014 ベーコンエッグ
- 015 チーズオムレツ
- 018 卵焼き
- 020 ひつまぶし
- 022 茶がゆ
- 024 焼きいも
- 025 焼きバナナ
- 026 コーンスープ
- 027 かぼちゃのスープ
- 030 自家製オイルサーディン
- 032 帆立てとアスパラガスの蒸し焼き
- 034 クリームシチュー
- 036 卵の赤ワイン煮
- 037 たらとじゃがいもの軽い煮込み
- 040 オニオングラタンスープ
- 042 野菜カレーピラフ
- 043 蒸し焼きパスタ
- 046 フレンチトースト　クルミキャラメルソース
- 048 パンポトフ
- 050 タンドリーチキンソテー
- 052 豆腐チゲ
- 053 ゆでさば
- 056 めかじきタジン
- 058 パイナップルとしょうがのコンポート

- 計量の単位は大さじ1＝15㎖、小さじ1＝5㎖、1カップ＝200㎖、1合＝180㎖。
- 材料のオリーブ油は、すべてエクストラバージンオリーブ油です。ほかに砂糖は上白糖、こしょうは黒こしょうです。
- 材料で〇本(〇g)のように、()内にg表示してあるものとしていないものがありますが、味に関わるもののみg表示しています。
- 各レシピで使った鍋はあくまでも目安です。それ以外の鍋でも作れるので分量に合わせて使い分けてください。

ふたりごはん

062	大根の塩麹煮
063	ブロッコリーのおかか和え
064	ペッパーチキン
065	砂肝ときのこのソテー
068	トマトスープ
	じゃがいものレモンスープ
070	鮭の蒸し焼き
071	たらこと結びしらたきの炒め煮
	こんにゃくステーキ
072	かきのパン粉焼き
076	常夜鍋
078	バーニャカウダーソース
080	ソーセージと白いんげん豆の蒸し焼き
082	豚肩ロースのオイル煮
084	マスタード風味の鶏とりんごの煮込み
085	じゃがいものグラタン
088	牛肉ロールの煮込み
090	ローストポーク
092	パプリカの煮込み
093	チコリとハムのグラタン
096	パテ
098	ベッコフ
100	ハヤシライス
102	チーズフレンチトースト
104	ファーブルトン
106	いちじくとトマトのオーブン焼き
108	赤いフルーツのコンポート

ストウブの鍋の特徴

そのまま食卓に出しても存在感のあるシャープなデザインと食材を生かす機能性をあわせもつストウブの鍋。まずはその特徴を知っておきましょう。

○ エマイユ加工

ストウブの鍋は1974年、フランスアルザスの地でシェフたちによって考案されたもの。表面には黒マットエマイユ加工が施され、細やかな凹凸があるため、油がよくなじんで焦げつきにくくなっています。エマイユ加工とは、でき上がった鋳物に液状のホーローを吹きつけて、800℃で30分焼成する工程のこと。

○ 自分だけの鍋

ストウブの鍋はひとつひとつ手作業でつくります。鋳鉄を流し込む砂型は、一度使ったら壊してしまうのです。だからひとつひとつがオリジナル。同じように見えますが、実は世界に一つの鍋なのです。

○ ピコ

ふたの裏側に整然と並んでいる丸い突起がピコ。鍋を火にかけて温まってくると食材から出た水分が蒸気となり、鍋の中で対流してうまみの凝縮した水滴になります。この水滴がピコを伝って食材にまんべんなく降り注ぎます。このサイクルが繰り返されることで、食材本来のうまみを逃さず、ふっくらジューシーに仕上げるのです。

○ 熱源

ストウブの鍋はガスの直火、オーブン、IH、ハロゲンヒーター、シーズヒータなど、あらゆる熱源で使えます。ただし、電子レンジは使えません。また、セラミックシリーズはオーブン(300℃まで)や電子レンジは使えますが、直火やIHは使えません。

素材1つでも、ストウブの鍋なら驚くほどおいしい料理ができます。
鍋の中で素材の持つうまみが凝縮され、
ピコの働きでしっかりと素材に入り込んでいるから。
さつまいも、大根、ブロッコリーなどの野菜の
濃厚なうまみに歓声を上げたり、
魚や肉のうまみとジューシーさに感動したり。
少ない素材でも決してがっかりさせません。

素材が多くなればなるほどうまみの数は増え、
うまみとうまみが絶妙のハーモニーを奏でます。
ポイントは素材の選び方。
味の相乗効果を生み出すためには、
好相性の素材を選ぶこと。
そして切り方、鍋に入れるタイミング、
火加減が味の決め手に。
ワンランク上の料理に挑戦して、
ストウブの鍋をもっともっと活用しましょう。

ひとりごはん

ひとりごはんは鍋のサイズの小さいものを使うレシピが多いのですが、料理のおいしさはサイズに関係ありません。鍋ごと食卓へ並べれば、ひとりでも豪華な食事タイムが楽しめるはず。もしふたりごはんにしたければ、ひとりごはんを倍量にすればOK。人数に合わせていろいろな楽しみ方をしてみてください。

蒸し焼きしいたけ

Recipe ▶ P.016

なすのコチジャン蒸し焼き
Recipe ▶ P.016

ベーコンエッグ
Recipe ▶ P.017

チーズオムレツ

Recipe ▸ P.017

015

Photo ▶ P.012
蒸し焼きしいたけ

14cm ラウンド

ストウブ鍋だからできるワザ。鍋中にしいたけのうまみを閉じ込めて、ふっくらとジューシーに仕上げます。すだちをかけてさっぱり味でいただきましょう。

材料と作り方／1人分
しいたけ —— 5〜6枚
しょうゆ —— 小さじ1
すだち —— 適量

1. しいたけは石づきを切り落として鍋に入れる。
2. ふたをして弱火強にかけ、鍋中から音がしてきてから5分ほど火を通してしょうゆをまわしかけ、食べる前にすだちをしぼる。

Photo ▶ P.013
なすのコチジャン蒸し焼き

17cm オーバル

味の決め手はコチジャン。コチジャンを甜麺醬、XO醬に代えたり、酒を紹興酒に代えてもおいしい。口の中に広がる煮汁の味がたまりません。

材料と作り方／1人分
なす —— 3本
塩 —— 小さじ½
コチジャン —— 小さじ1
酒 —— 大さじ2

1. なすはへたを切り落として縦に半分に切り、放射状に縦3等分に切って水にさらし、ざるに上げる。
2. 鍋に**1**と残りの材料を入れ、手で全体を絡ませてふたをする。
3. 中火弱にかけ、ときどきふたをあけて上下を返しながら、中から音がしてきてから4分ほど火を通す。

Photo ▶ P.014

ベーコンエッグ

[10cm ラウンド]

ベーコンから出たうまみを目玉焼きがしっかり取り込みます。カリカリベーコンと卵のまろやかさがベストマッチ。朝食にピッタリの一品です。

材料と作り方／1人分
ベーコン（ブロック）
　　　── 80g
オリーブ油 ── 小さじ½
卵 ── 1個
塩 ── ひとつまみ
こしょう ── 適量

1　ベーコンは、長さ20cm×5mm厚さに切る。
2　鍋にオリーブ油とベーコンを入れて中火弱にかける。
3　ベーコンに焼き色がついたらひっくり返し、卵を割り入れる。塩をふってふたをし、2分30秒焼いて火を止める。好みでこしょうをふる。

Photo ▶ P.015

チーズオムレツ

[10cm ラウンド]

シンプルだけれど、クセになるオムレツです。味はチーズの塩気だけ。黒こしょうをアクセントに加えて。ふたが持ち上がってきたら、もうすぐでき上がるサインです。

材料と作り方／1人分
卵 ── 2個
白かびチーズ ── 40g
オリーブ油 ── 小さじ1
粗びき黒こしょう
　　　── ひとつまみ

1　ボウルに卵を割り入れてほぐす。チーズは半分に切る。
2　鍋にオリーブ油を入れて弱火強で熱し、鍋を傾けて側面にも油がいきわたるようにする。
3　**1**の卵を流し入れてチーズを散らし、ふたをして弱火強にかけ、7分ほど火を通す（ⓐ）。鍋を揺らしてみて、卵がかたまっていたら火を止め、こしょうをふる。

ひとりごはん

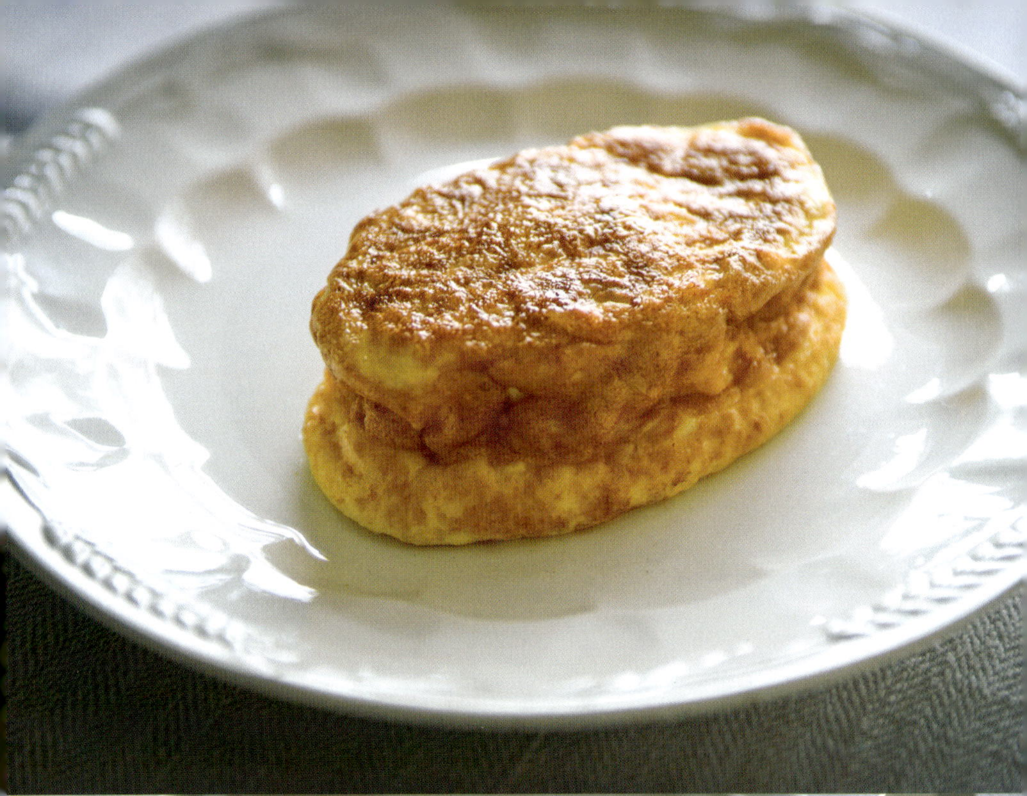

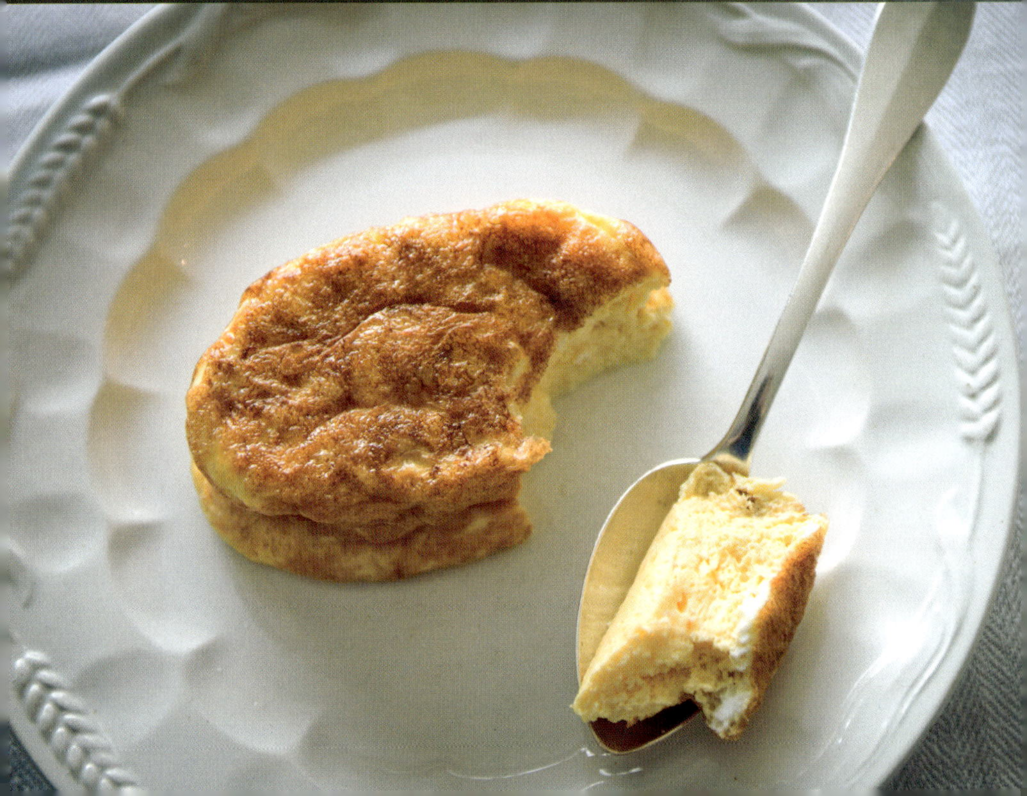

卵焼き

11cm オーバル

鍋に卵液を入れて作るボリューム満点の卵焼き。一見、お菓子のように見えますが、食べると卵焼そのものです。

材料と作り方／1人分
削り節 —— 小さじ1
水 —— 50㎖
卵 —— 2個
塩 —— ひとつまみ
サラダ油 —— 小さじ1

1. ボウルに削り節と水を入れて10分ほど置き、だしを取る。
2. 別のボウルに卵を割りほぐし、塩と**1**をざるで漉しながら加えてよく混ぜる。
3. 鍋にサラダ油を入れて弱火にかけて熱し、鍋を傾けて鍋の側面にも油をいきわたらせる。
4. **3**に**2**を注いでふたをし、弱火のままで6分火を通し、卵液が中央までかたまったら火を止める。
5. 鍋をひっくり返して器に盛る。

One Point Advice

いろいろなアレンジが楽しめる卵焼き

卵焼きはストウブで蒸し焼きにするとふわふわでジューシーな仕上がりになります。ここではシンプルに仕上げましたが、青のりや刻んだ三つ葉、ほぐしたたらこなどを入れてもOK。お好みでいろいろなバリエーションを楽しんで。

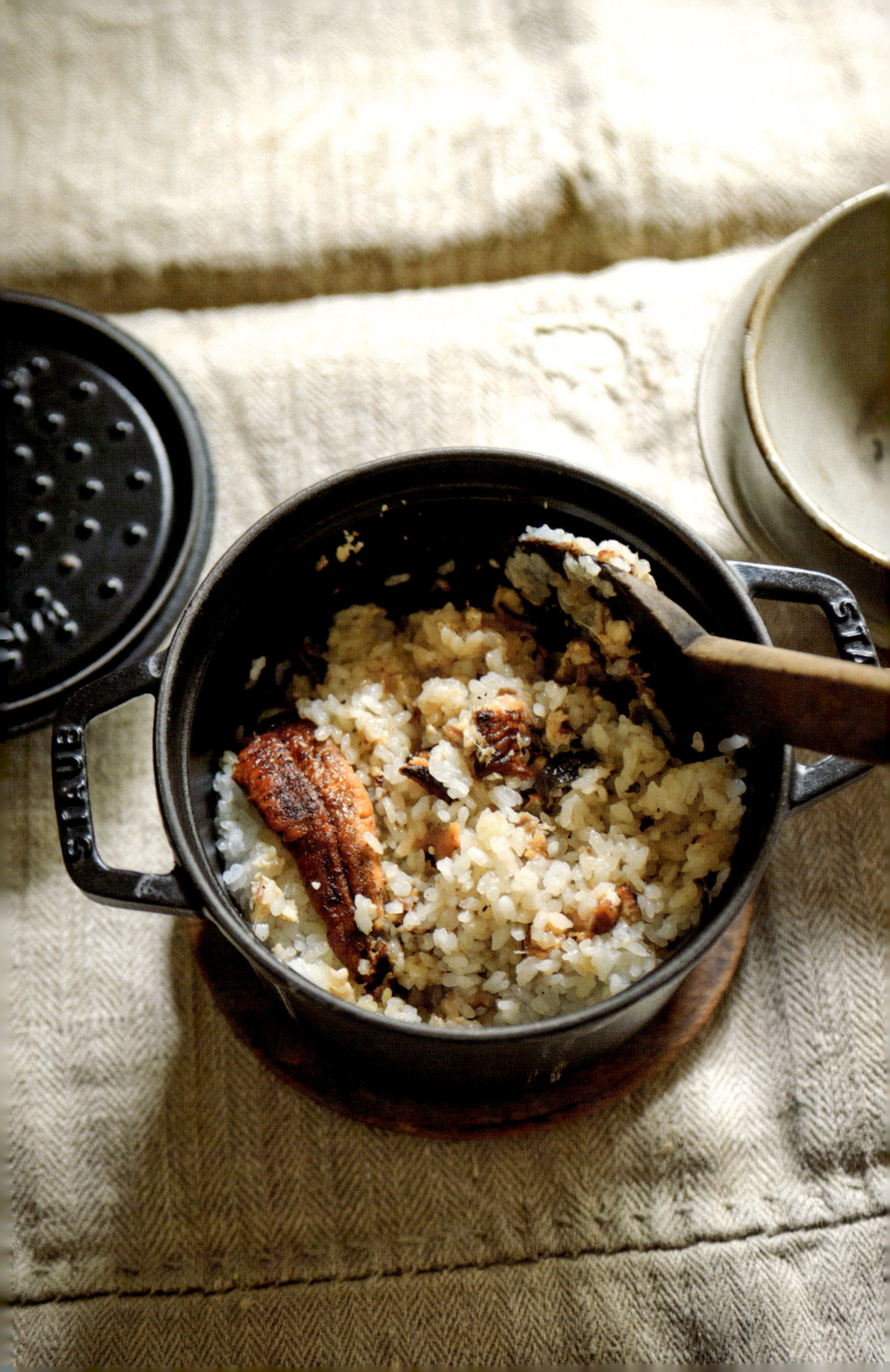
STAUB

ひつまぶし

16cm ラウンド

ごはんさえ炊けばすぐできます。いつものごはんにちょっと変化をつけたいときにぜひ！アレンジもいろいろできるのでチャレンジを。

<u>材料と作り方／1人分</u>
米 —— 1+½合
水 —— 300㎖
うなぎの蒲焼き
　（市販・たれつき）
　　—— 110g

1. ボウルに米を入れ、米がかぶるぐらいの水を入れてさっと混ぜ、すぐに水をきる。再び水をひたひたに入れ、手の腹で米を押すようにして15回ほど研ぐ。たっぷりの水を入れては捨て、入れては捨てを数回繰り返し、ほぼ水が透き通ったら、ざるに上げて水気をきり、鍋に入れて分量の水を加え、30分以上浸水させる。
2. ふたをして中火にかけ、沸騰して蒸気がふたのふちから出てきたら（ⓐ）弱火にし、3分30秒炊いて火を止める。
3. ふたをあけてうなぎの蒲焼きをのせ、ふたをして10分ほど蒸らす。
4. 蒲焼きのたれを加え、上下を返すように大きく混ぜる。

One Point Advice

ひつまぶしの
おいしい食べ方。

白すりごま大さじ3、わさび適量、糸三つ葉の小口切り½束分をプラスすると、さらにおいしくなります。おかわりにお茶やだしをかけて食べてもひと味違った味わいに。

ひとりごはん

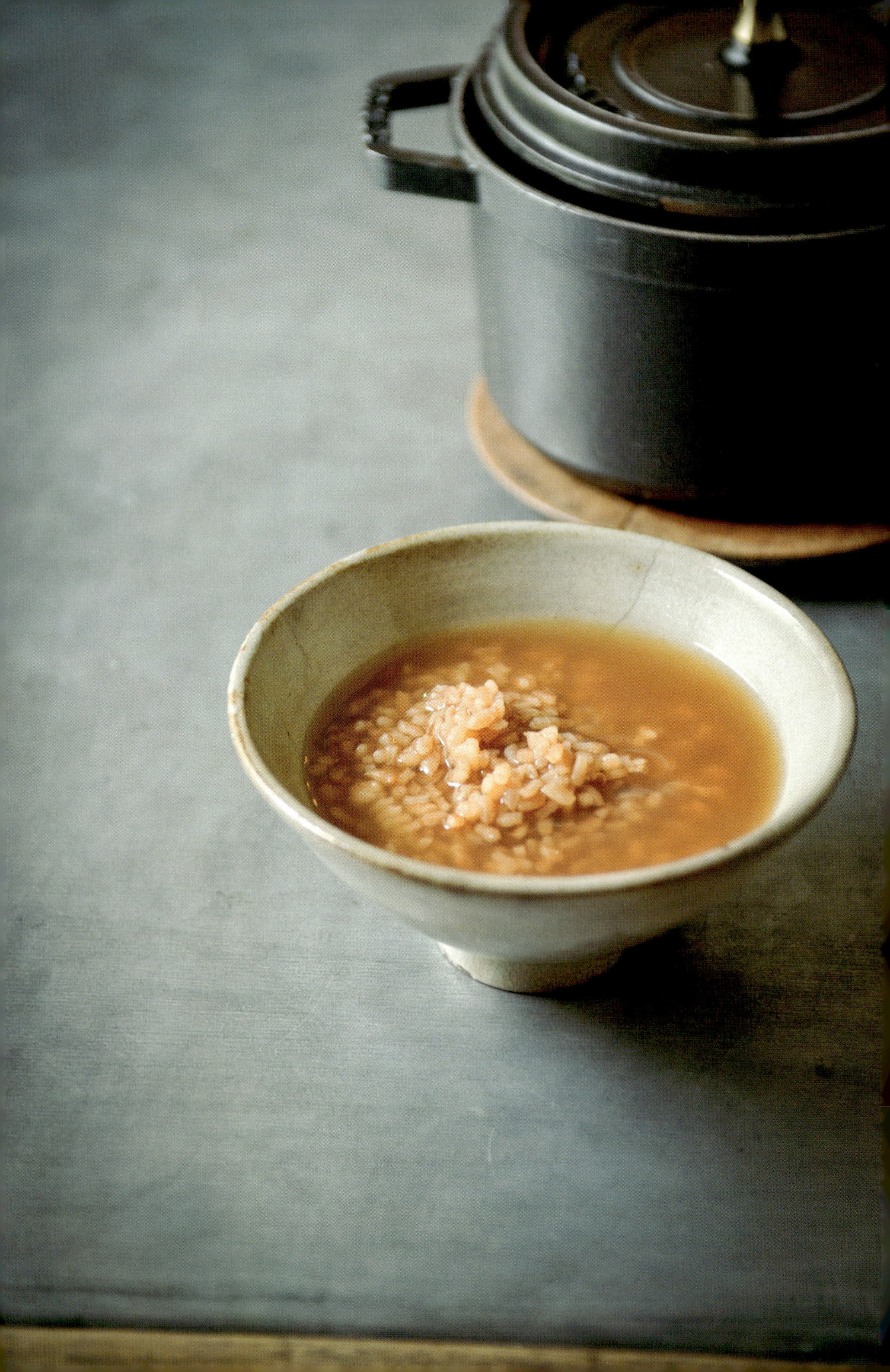

茶がゆ

16cm ラウンド

香ばしくさっぱりしているので、食欲のないときにぜひ！ 番茶は少し長めに蒸らして濃く出して使うのがポイント。夏は茶碗に氷を入れて、冷やし茶がゆにしてもOK。

材料と作り方／1人分
番茶 —— 7g
米 —— ¼合
水 —— 700mℓ

1. お茶パックに分量の番茶を入れる。
2. ボウルに米を入れ、米がかぶるぐらいの水を入れてさっと混ぜ、すぐに水をきる。再び水をひたひたに入れ、手の腹で米を押すようにして15回ほど研ぐ。たっぷりの水を入れては捨て、入れては捨てを数回繰り返し、ほぼ水が透き通ったら、ざるに上げて水気をきる。
3. 鍋に分量の水を入れて中火にかけ、沸騰したら火を止めて**1**の番茶を加え、ふたをして1分30秒蒸らしてから番茶を取り除く。
4. **3**の鍋を再び中火にかけ、沸騰したら弱火にして**2**の米を加える。ときどきかき混ぜながら、ふたをして20分ほど煮る。米が柔らかくなったら火を止める。

One Point Advice

番茶がゆのお供に
おすすめ！

番茶がゆだけではもの足りないときは、蒸し焼きしいたけ(P12)やブロッコリーのおかか和え(P63)が相性のいいおかずになります。市販の佃煮や梅干し、漬けものなどもおかゆにはピッタリ。いろいろなお供を添えてどうぞ。

ひとりごはん

焼きいも
Recipe ▶ P.028

焼きバナナ

Recipe ▶ P.028

025

コーンスープ

Recipe ▶ P.029

かぼちゃのスープ
Recipe ▶ P.029

Photo ▶ P.024
焼きいも

17cm オーバル

弱火でじっくり蒸し焼きに。さつまいもの甘みが引き出されて石焼きいもに負けないおいしさ。アツアツのホクホクをめし上がれ！

<u>材料と作り方／1人分</u>
さつまいも ── 1本(210g)

1. さつまいもは洗う。
2. 鍋にアルミホイルをしいてさつまいもを入れ（ⓐ）、ふたをして弱火中にかける。15分加熱してふたをあけ、上下を返して再びふたをし、15分焼く。
3. ふたをあけ、竹串を刺してすっと通ったら火を止め、ふたをしてそのまま10分置く。

Photo ▶ P.025
焼きバナナ

17cm オーバル

完熟したバナナを使うのがおいしさのポイント。ストウブにまかせてバナナをじっくり蒸し焼きにすると、スイーツのような一品になります。

<u>材料と作り方／1人分</u>
バナナ ── 1本
ブランデー ── 少々

1. 鍋にアルミホイルをしいてバナナを皮ごと入れる。
2. ふたをして弱火にかけ、ときどき中の様子を見ながら15分ほど火を通す。バナナの皮が黒くなって、皮がはじけていたら中まで十分に火が通っている。
3. 器に盛り、皮を一部取り除いてブランデーをふりかける。

バナナはシュガースポット（黒い斑点）の出ているものが完熟した証拠（上）。皮の表面がきれいなもの（下）よりおいしく仕上がる。

Photo ▶ P.026
コーンスープ

14cm ラウンド

とうもろこしで作る食べるスープです。むいた皮やひげ根にも香りがあるので、捨てずに使って。いっしょに煮れば香り高いスープのでき上がり！

材料と作り方／1人分
とうもろこし —— 1本（330g）
水 —— 200㎖
バター（食塩不使用／好みで） —— 5g

1. とうもろこしは皮をむき、ひげ根をとる。
2. まな板の上に立てて置き、包丁で身を削ぎ取る。とうもろこしの長さの半分から下を削ぎ取ってから逆さにし、残りの身を削ぎ取る。
3. 鍋に 2 と水、内側のやわらかい皮とひげ根の一部を入れて（ⓐ）ふたをし、弱火にかける。7分ほど蒸し煮にし、皮とひげ根を取り除く。
4. 器に盛り、好みでバターを加える。

Photo ▶ P.027
かぼちゃのスープ

14cm ラウンド

調味料いらずのスープです。かぼちゃをココナツミルクで煮るだけなのに濃厚味。かぼちゃのうまみとココナツミルクのクリーミィさがたまりません。

材料と作り方／1人分
かぼちゃ —— ⅛個（220g）
ココナツミルク（缶詰） —— 200㎖

1. かぼちゃは種を取り除いて一口大に切り、皮をまだらにむく（ⓐ）。
2. 鍋にココナツミルクとかぼちゃを入れてふたをし、弱火にかける。
3. かぼちゃが柔らかくなるまで20分ほど煮る。

ひとりごはん

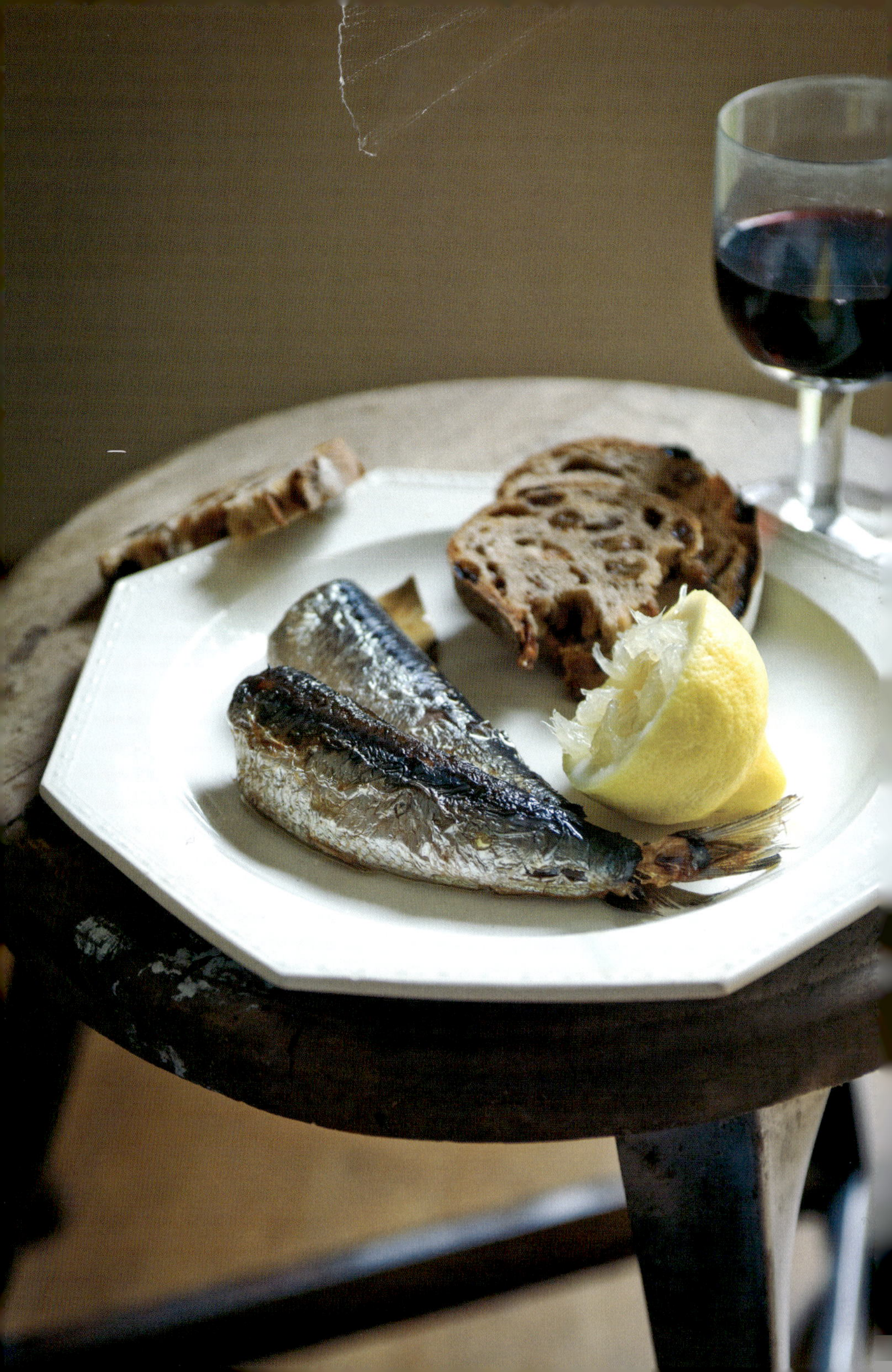

自家製オイルサーディン

17cm オーバル

いわし丸ごとの豪快なオイルサーディン。いわしのうまみがオリーブ油に溶け出して絶妙の味に。ワインにもよく合う一品です。

材料と作り方／1人分
いわし —— 3尾(225g)
塩 —— 小さじ1
オリーブ油 —— 100mℓ
ローリエ —— 1枚
レモン、パン(好みで) —— 適宜

1. いわしはうろこを取り、頭を切り落として指ではらわたをかき出し(ⓐ)、キッチンペーパーでよくふく。塩をまんべんなくふりかけて15分ほど置く。
2. 鍋にオリーブ油とローリエを入れ、いわしの上下を互い違いに入れてふたをし、弱火にかける。
3. 静かに沸騰している状態を保ちながら、30分ほど火を入れ、そのまま冷ます。
4. いわしを器に盛り、好みでレモンやパンを添える。

帆立てとアスパラガスの蒸し焼き

17cm オーバル

素材から出たうまみと生クリームと合わせたソースは絶品。シンプルなのに奥深い味わいです。貝柱とアスパラバスの食感も楽しんで。

材料と作り方／1人分

グリーンアスパラガス —— 3本
サラダ油 —— 小さじ1
帆立て貝柱 —— 3個
水 —— 大さじ1と½
塩 —— 小さじ½
こしょう —— 適量
生クリーム —— 大さじ1

1. アスパラガスは茎元の固い部分を折って（ⓐ）、端を切りそろえる。
2. 鍋にサラダ油を入れて中火で熱し、しっかり温まったら貝柱を入れる。焼き色がついてしっかり焼けるまで、そのまま動かさないで1分30秒ほど焼き、いったん取り出して火を止める。
3. **2**の鍋にアスパラガスと水を入れ、アスパラガスの上に貝柱を戻し入れて並べ、塩、こしょうをふって弱火中にかけてふたをする。3分加熱してから火を止め、アスパラガスと貝柱を器に盛る。
4. **3**の鍋をごく弱火にかけ、生クリームを加えて鍋中の水分と混ぜ合わせ、アスパラガスと貝柱の上にまわしかける。

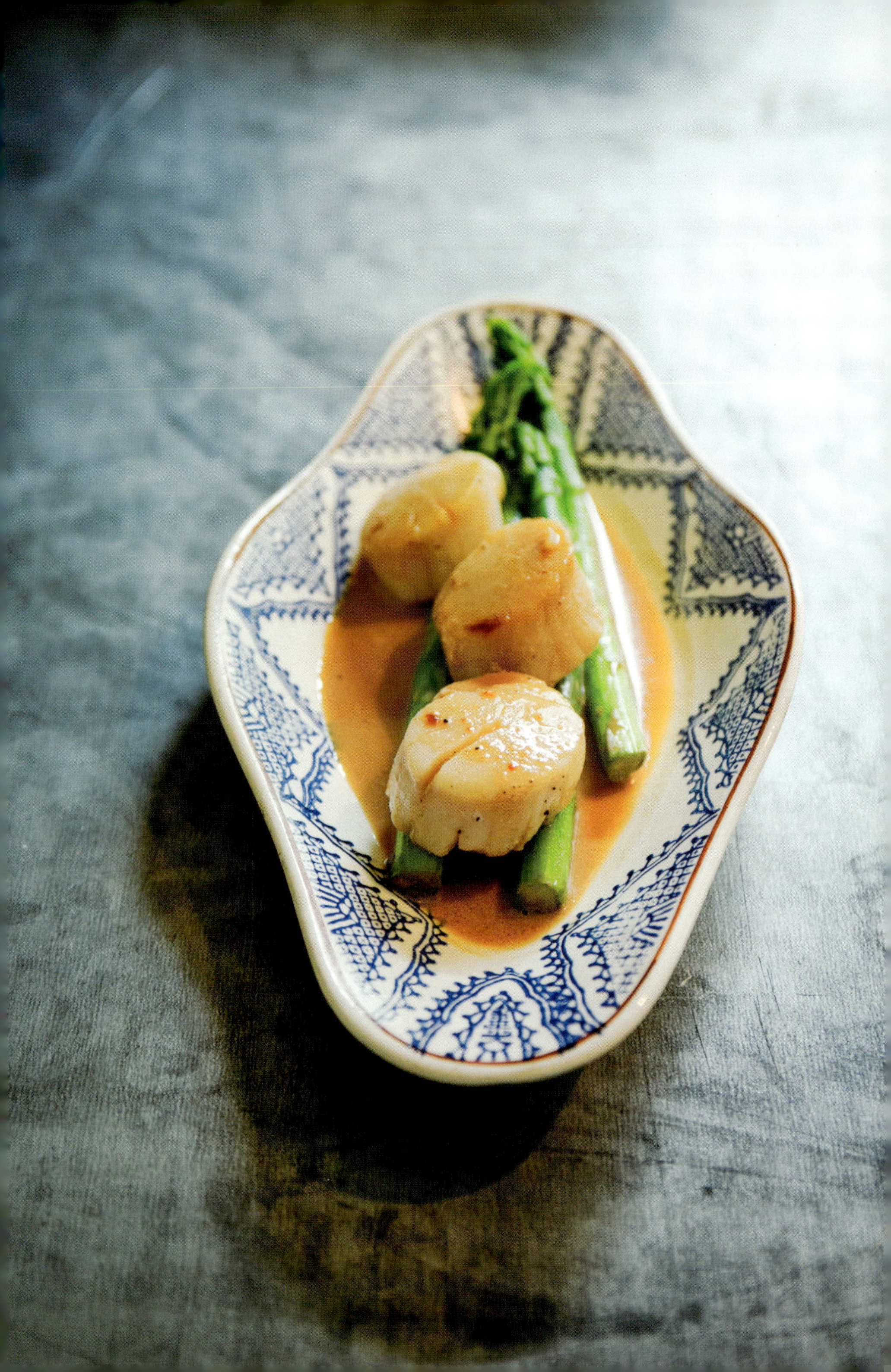

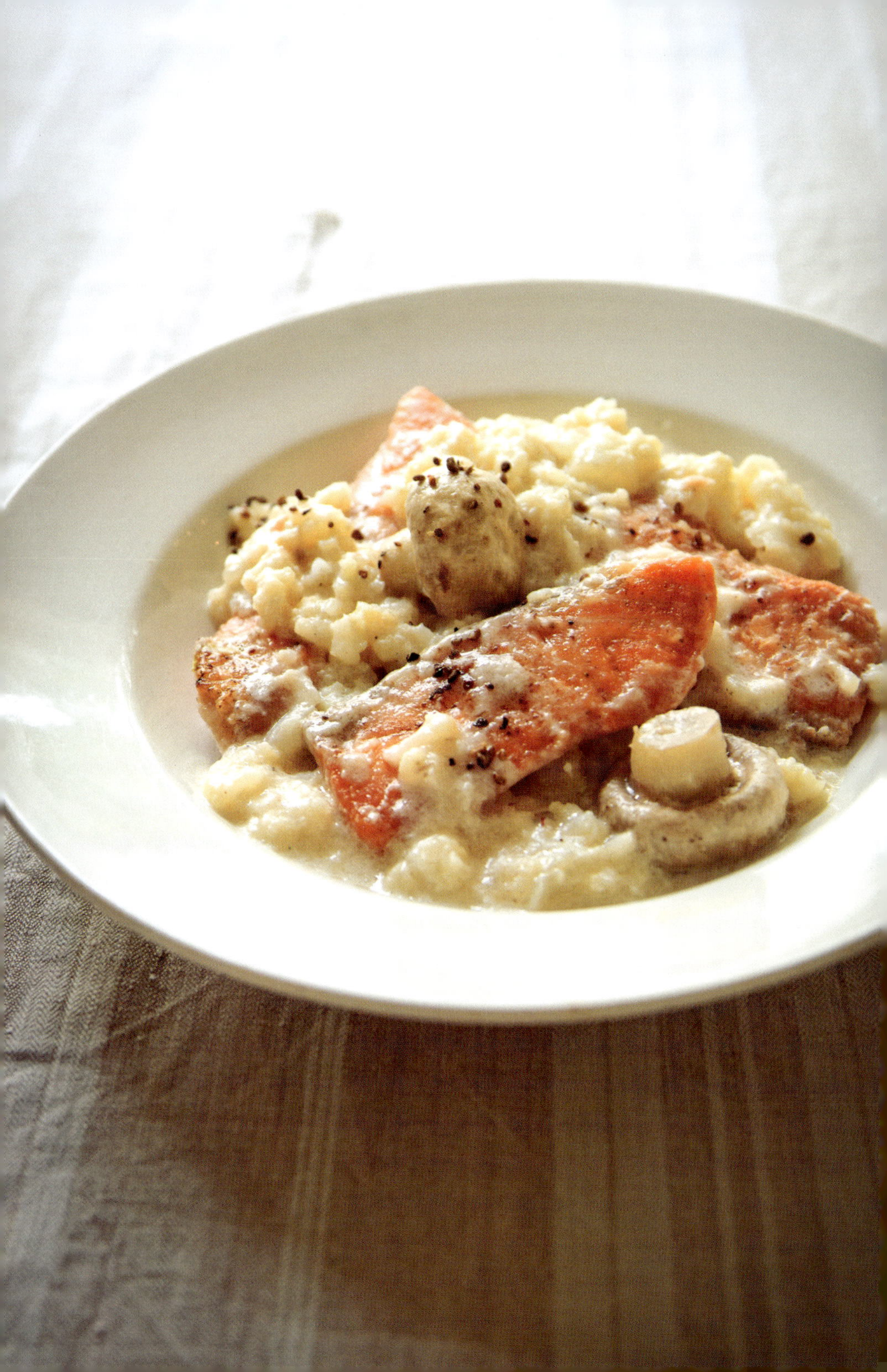

クリームシチュー

16cm ラウンド

とろっとしたクリームシチューです。野菜と魚のうまみの相乗効果で、濃厚なのにさっぱりとして奥深い味わいです。

材料と作り方／1人分

- カリフラワー —— 小½個(350g)
- マッシュルーム —— 3個
- 生鮭(切り身) —— 2切れ(290g)
- 塩、こしょう —— 各適量
- 薄力粉 —— 大さじ2
- サラダ油 —— 大さじ1
- 牛乳 —— 300㎖
- 粗びき黒こしょう —— ひとつまみ

1. カリフラワーはざく切りにする。マッシュルームは石づきを切り落とす。
2. 鮭は皮と身の間に包丁を入れて皮を取り除き(ⓐ)、1切れを2等分に切る。全体に塩、こしょうをふって薄力粉をまぶす。
3. 鍋にサラダ油を入れて中火弱で熱し、**2**の鮭を入れる。片面に軽く焼き色がついたらひっくり返し(ⓑ)、もう片面も同じように焼いていったん取り出す。
4. **3**の鍋にカリフラワーを入れて鍋に残った油と混ぜてふたをし、弱火で5分ほど火を通す。
5. 牛乳とマッシュルームを加えて鮭を戻し入れ、蒸気が逃げる程度にふたをずらしてのせる。5分煮て、塩、こしょうで味をととのえる。
6. 器に盛り、黒こしょうをふる。

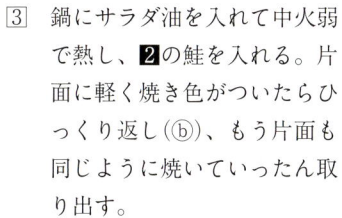

ひとりごはん

卵の赤ワイン煮

Recipe ▶ P.038

たらとじゃがいもの軽い煮込み

Recipe ▶ P.039

Photo ▶ P.036
卵の赤ワイン煮

14cm ラウンド

素材をしっかり炒めてうまみを引き出すのがポイント。赤ワインソースができ上がったら、主役の卵をポン。半熟のとろ〜りがたまりません。

材料と作り方／1人分
- 玉ねぎのみじん切り
  — 小¼個分(50g)
- しめじのみじん切り
  — ½株分(40g)
- ベーコンのみじん切り
  — 25g
- 塩 — 小さじ1
- 赤ワイン — 180㎖
  ◎ミディアムボディからフルボディのものを選ぶ。
- こしょう — 適量
- 卵 — 1個
- パン(好みで) — 適量

1. 鍋に玉ねぎとしめじ、ベーコン、塩を入れてふたをし、弱火にかける。鍋中から音がしてきたら、ときどきかき混ぜながら6分炒める(焦がさないように注意して)。
2. 赤ワインを加えて(ⓐ)中火弱にし、アルコールの香りがしなくなるまで煮る。いったん火を止めてこしょうをふり、塩(分量外)で味をととのえる。
3. 2を弱火強にかけ、温まったら卵を割り落としてふたをし、弱火にする。ときどきふたをあけて卵の様子を見ながら3分ほど煮る。白身に火が通り、黄身が半熟になったら火から下ろす。好みでパンを添える。

Photo ▶ P.037
たらとじゃがいもの軽い煮込み

16cm ラウンド

手ごろな塩たらを少し多めに使って煮込みます。材料はシンプルで水分も少なめ。時間をかけずにできるブイヤベース風料理です。

材料と作り方／1人分
生たら（切り身）
　── 1切れ（90g）
塩たら（切り身）
　── 2切れ（155g）
じゃがいも ── 1個
にんにくの薄切り
　── ½かけ分

/// Ⓐ ///
白ワイン（辛口）
　── 大さじ3
サフラン ── 小さじ⅓
ローリエ ── 1枚
オリーブ油 ── 大さじ2

水 ── 220㎖
塩、こしょう ── 各適量

1. たら2種は皮と身の間に包丁を入れて皮を取り除く。じゃがいもは皮をむいて1.5㎝厚さの輪切りにし、さっと水にさらしてざるに上げる。
2. バットに1のたらを入れ、にんにくとⒶを加えて混ぜ合わせる（ⓐ）。ラップをして冷蔵庫で15分ほどマリネする。
3. 鍋にじゃがいもを並べ入れ、2のたらを並べてのせる。マリネ液をすべて入れて水を加え、ふたをして中火弱にかける。
4. 沸騰したらあくをひいて弱火にし、10分ほど煮て塩、こしょうで味をととのえる。

ひとりごはん

オニオングラタンスープ

14cm ラウンド

鍋にふたをして玉ねぎをしっかり蒸し焼きにします。玉ねぎの様子を観察しながら、うまみをじゅうぶんに引き出すのがコツです。

材料と作り方／1人分

玉ねぎ —— 1+½個（330g）
サラダ油 —— 小さじ⅓
ベーコンの細切り —— 25g
ブランデー —— 大さじ1
◎マデラ酒や赤ワインでもOK。
水 —— 300mℓ
塩、こしょう —— 各適量
バゲットの薄切り —— 1枚
チーズのすりおろし —— 大さじ2

1. 玉ねぎは縦半分に切り、繊維に沿って薄くスライスする。
2. 鍋にサラダ油とベーコンを入れ、玉ねぎを加えてふたをし、弱火強にかけて蒸し焼きにする。ときどきふたをあけて全体をかき混ぜ、玉ねぎがあめ色になって、かさが⅓になるまで40分ほど火を通す（ⓐ）。
◎玉ねぎから出てきた水分が蒸発してくると、玉ねぎに色がついてくる。鍋の側面や底にこびりついた玉ねぎをときどき落として。
3. ブランデーを加え、ふたをしないでアルコールの香りが飛ぶまで玉ねぎを炒める。
4. 水を加えて中火にかけ、沸騰したら弱火にして3分ほど煮る。塩、こしょうで味をととのえる。
5. バゲットの薄切りを浮かべてチーズをふり、200℃に予熱したオーブンに入れる。
6. 表面のチーズに焼き色がついて、スープがグツグツと煮えるまで10分ほど火を通す。

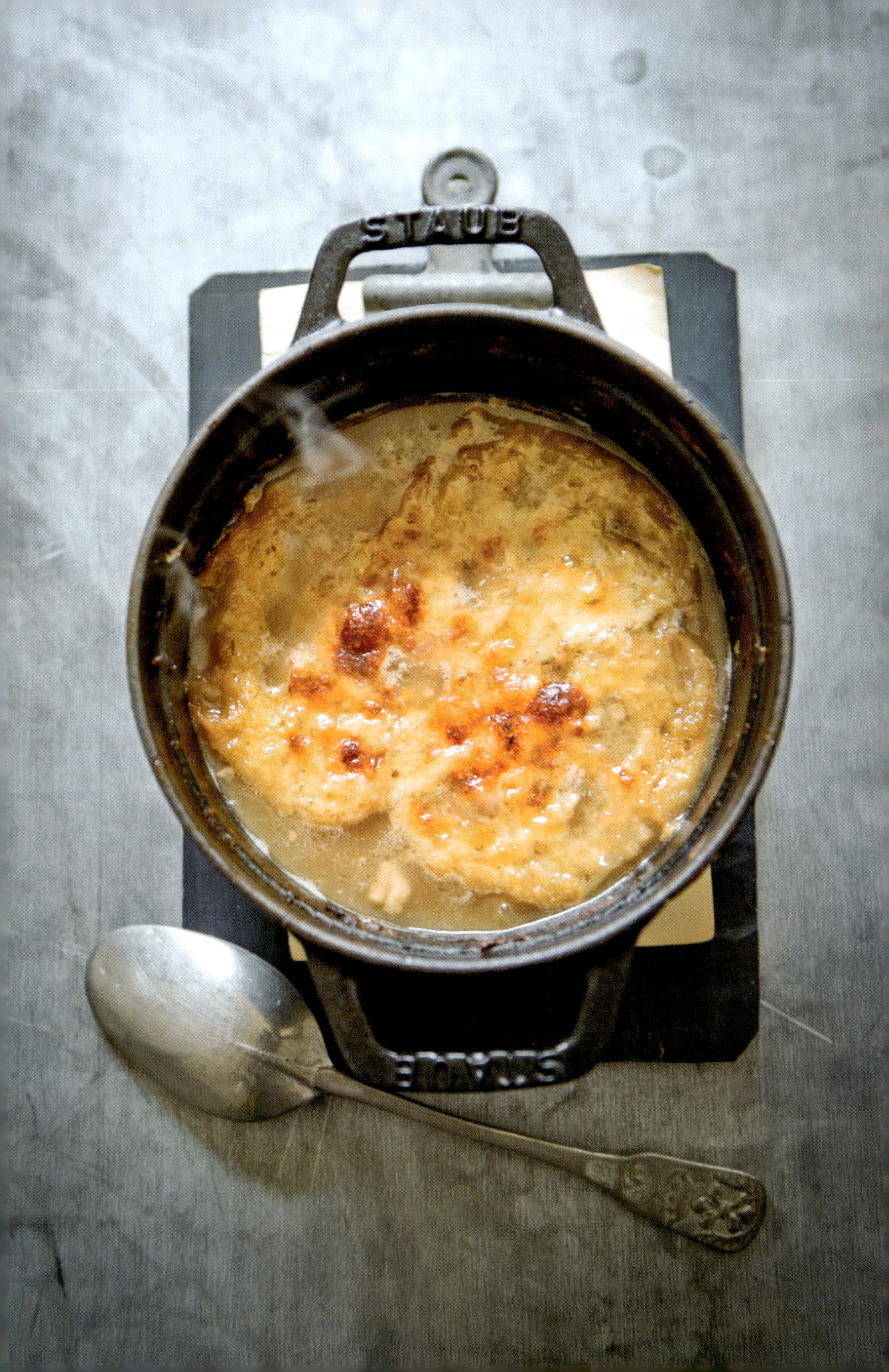
STAUB

野菜カレーピラフ

Recipe ▶ P.044

蒸し焼きパスタ

Recipe ▶ P.045

Photo ▶ P.042

野菜カレーピラフ

18cm ラウンド

> バターを使わないヘルシーピラフ。野菜がたっぷり入ったカレー味なので、大人にも子どもにも人気のレシピです。

材料と作り方／1人分

米 —— 1合
水 —— 200㎖
にんじん —— ½本
ピーマン —— 3個
れんこん —— 小1節
エリンギ —— 大小合わせて3本
カレー粉 —— 大さじ1+½
塩 —— 小さじ1
こしょう —— 適量

1. ボウルに米を入れ、米がかぶるぐらいの水を入れてさっと混ぜ、すぐに水をきる。再び水をひたひたに入れ、手の腹で米を押すようにして15回ほど研ぐ。たっぷりの水を入れては捨て、入れては捨てを数回繰り返し、ほぼ水が透き通ったら、ざるに上げて水気をきり、鍋に入れて分量の水を加え、30分以上浸水させる。
2. にんじんは1cm角に切る。ピーマンは縦半分に切ってへたと種を取り除き、にんじんよりひとまわり大きな角切りにする。れんこんは皮をむいてピーマンと同じ大きさに切り、エリンギも同様の大きさに切る（ⓐ）。
3. **1**に**2**の野菜とカレー粉を入れてひと混ぜし、ふたをして中火弱にかける。沸騰したら弱火にして3分火を通し、火を止めて10分蒸らす。
4. 全体をかき混ぜ、塩、こしょうで味をととのえる。

Photo ▶ P.043

蒸し焼きパスタ

16cm ラウンド

> グリーンの色鮮やかなパスタです。ショートパスタをコンキッリェ(貝殻の形)やファルファッレ(蝶の形)にすると仕上がりが華やかに。

材料と作り方／1人分
キャベツ —— 小1/6個
モロッコいんげん —— 5本
ショートパスタ —— 20g
◎ここではゆで時間12分のものを使用。
サラミの薄切り —— 5枚
水 —— 200㎖
塩 —— 小さじ2/3
オリーブ油 —— 大さじ1
パルメザンチーズのすりおろし —— 大さじ1

1. キャベツは食べやすい大きさのざく切りにし、芯のかたいところは薄切りにする。いんげんは1本を3等分に切り、ショートパスタ、サラミとともに材料を準備する(ⓐ)。
2. 鍋に水と塩、オリーブ油を入れてふたをし、中火にかける。沸騰したらショートパスタ、キャベツのかたいところから順に重ねてサラミをのせ、最後にいんげんをのせてふたをする。
3. 弱火で11分火を通し、器に盛ってパルメザンチーズをふる。

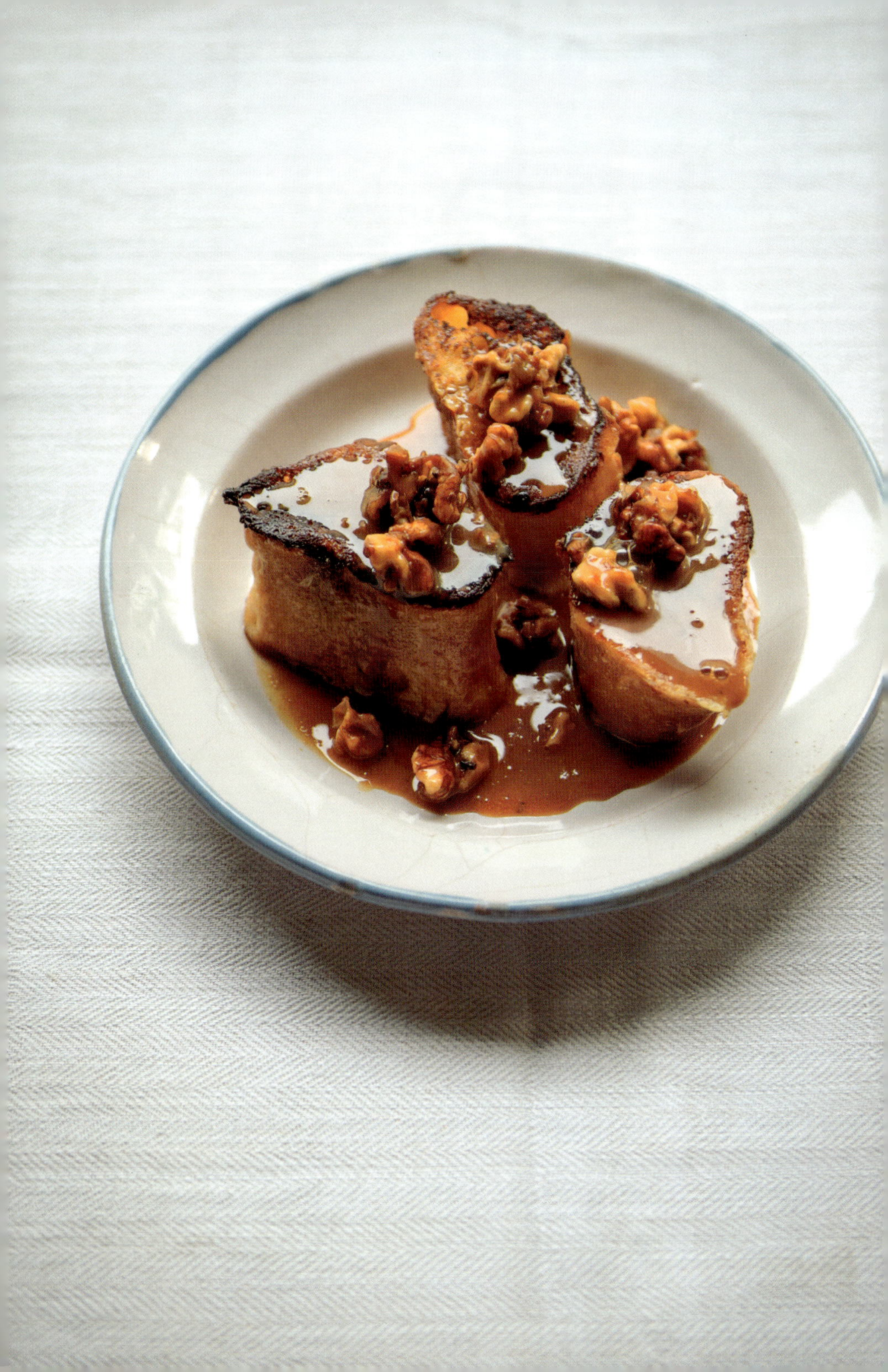

フレンチトースト クルミキャラメルソース

18cm ラウンド

香ばしいキャラメルソースとフレンチトーストの相性が抜群！ランチでもおやつにでもOK。かたくなったフランスパンで作れるレシピです。

材料と作り方／1人分

/// 卵液 ///
卵 —— 1個
砂糖 —— 30g
牛乳 —— 100㎖

フランスパン（5cm厚さ）
　—— 3切れ
クルミ —— 20g
バター（食塩不使用）
　—— 40g
砂糖 —— 30g
生クリーム —— 100㎖

1. 卵液を作る。バットに卵を割り入れてほぐし、砂糖と牛乳を加えてよく混ぜ合わせる。
2. 1の卵液にパンをつけ、卵液がパンの厚みの半分の高さまで染み込んだら裏返し、全体に十分に卵液を染み込ませる。
3. クルミは150℃に予熱したオーブンで10分焼き、いくつかに割っておく。
   ◎フライパンの場合は、クルミの香りがたつまで弱火強でから炒りする。
4. 鍋にバターの分量から15gを入れて火にかけ、溶けたら1のパンを並べ入れてふたをし、弱火で3分火を通す。
5. こんがりと焼き色がついたらひっくり返して（ⓐ）バター15gをさらに加え、ふたをして3分蒸し焼きにし、器に取り出す。
6. 5の鍋に砂糖を入れて中火弱で熱し、茶色に色づいたら残りのバター10gを加える。バターが溶けたら生クリームとクルミを加え、弱火で加熱して沸騰直前に火を止めて5のパンにかける。

ひとりごはん

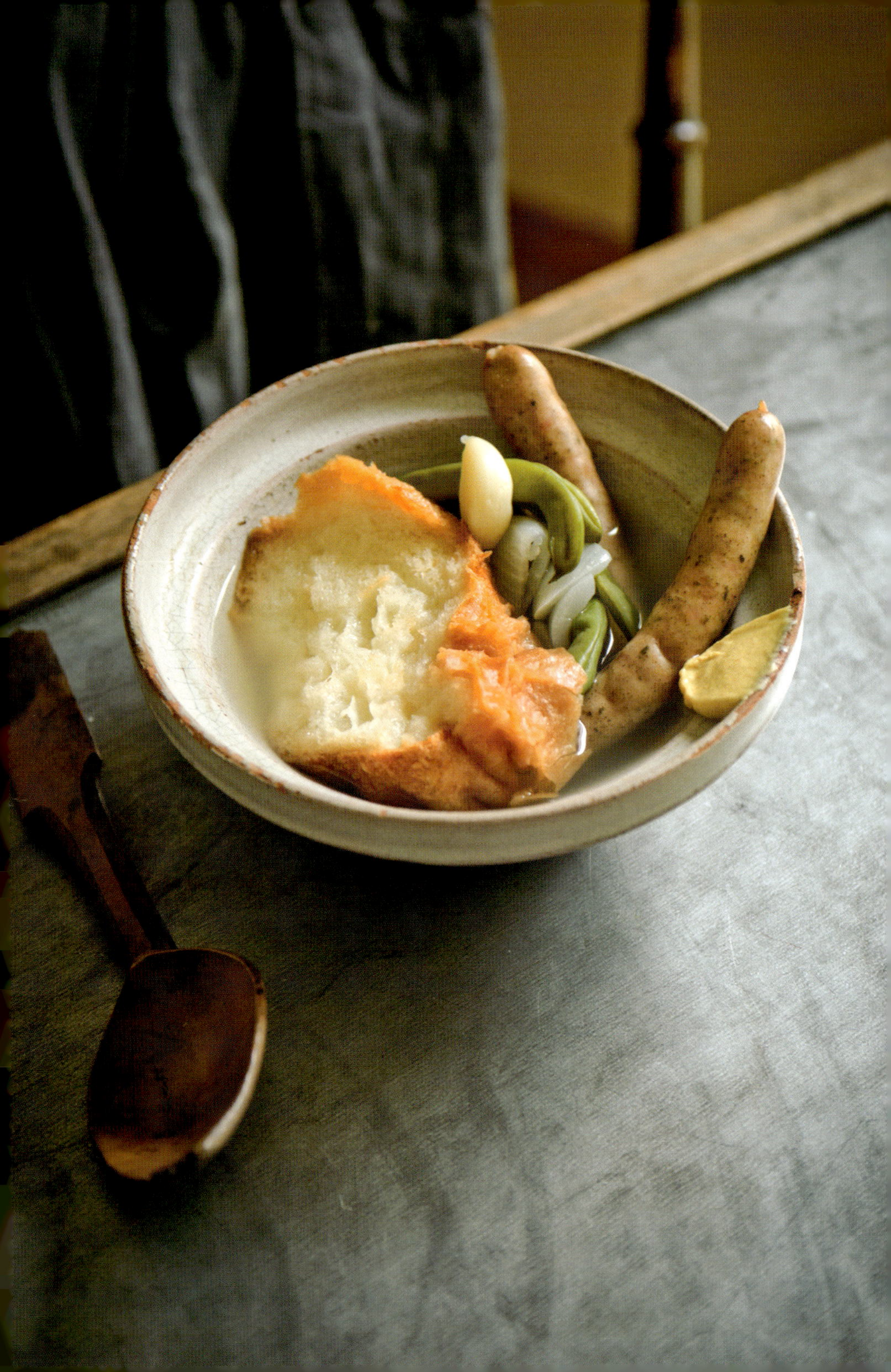

パンポトフ

18cm ラウンド

野菜とソーセージのうまみでやさしい味のスープ。カリッと焼いたパンにたっぷりしみ込ませてどうぞ！おなかにやさしい一皿です。

材料と作り方／1人分
バゲット（1.5cm幅）—— 1切れ
玉ねぎ —— ¼個(50g)
にんにく —— 小ひとかけ
いんげん —— 10本(55g)
ソーセージ（ハーブ入り）—— 2本(65g)
塩 —— 小さじ½
水 —— 300mℓ
マスタード（好みで）—— 適量

1. バゲットはオーブントースターで焼いて軽く焼き色をつける。
2. 玉ねぎとにんにくは皮をむく。いんげんはなり口（先端が尖っていない方）を切り落とす。
3. 鍋に**2**とソーセージ、塩と水を入れてふたをし、中火弱にかける。沸騰したら弱火にし、玉ねぎが柔らかくなるまで12分煮る。煮汁の味をみて、塩（分量外）で味をととのえる。
4. バゲットを加えて（ⓐ）ふたをし、弱火で2分煮る。
5. 器に盛り、好みでマスタードを添える。

ひとりごはん

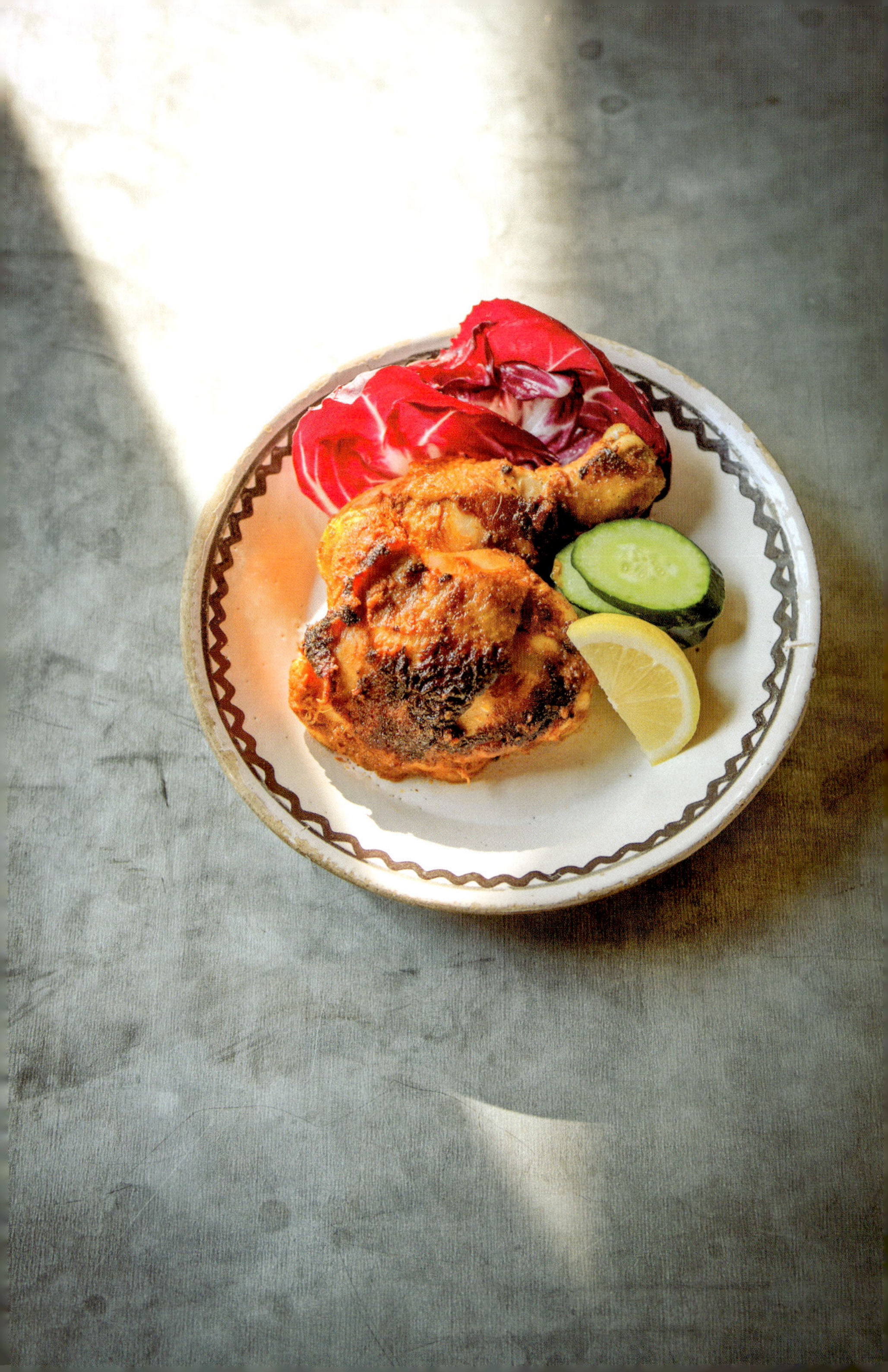

タンドリーチキンソテー

23cm オーバル

スパイシーな味が中までしみ込んで、外はカリッ、中はジューシー。えもいわれぬおいしさに心奪われます。

材料と作り方／1人分
骨つき鶏もも肉
　　　—— 1本（290g）

/// Ⓐ ///
塩 —— 小さじ1
クミンパウダー
　　　—— 大さじ⅔
パプリカパウダー
　　　—— 大さじ1
カレー粉 —— 大さじ2
チリパウダー —— 少々

/// Ⓑ ///
ヨーグルト —— 大さじ2
玉ねぎのすりおろし
　　　—— ¼個分（50g）
しょうがのすりおろし
　　　—— 大さじ1

サラダ油 —— 大さじ2
トレビス —— 2枚
きゅうりの薄切り —— 4枚
レモン —— 適量

1. 鶏肉の関節を手で触って探し、関節と関節の間に包丁を入れて（ⓐ）2等分に切り分ける。
2. **1**にⒶ→Ⓑの順にまぶしつけて冷蔵庫に入れ、一晩〜24時間マリネする。
3. **2**のまわりについたマリネの材料を軽く取り除いて、サラダ油の半量を絡める。
4. 鍋に残りのサラダ油を加えて中火で熱し、しっかり温まったら中火弱にして**3**を皮目から入れてふたをする。
5. **4**を3分ほど焼いてふたをあけ、底の面に焼き色がついていたらひっくり返して弱火強にし、ふたをして4分焼く。器にトレビス（ないときはサニーレタスでもOK）、きゅうり、レモンと共に盛りつける。

豆腐チゲ

Recipe ▶ P.054

ゆでさば

Recipe ▶ P.055

Photo ▶ P.052
豆腐チゲ

14㎝ ラウンド

> 豆腐の水きりをしっかりしておくと水っぽくなりません。豚肉とあさりのうまみが好相性。煮汁をごはんにかけてもおいしい。

材料と作り方／1人分
絹豆腐 —— 1丁（130g）
あさり —— 6個
豚ばら薄切り肉
　　 —— 2枚（40g）
油揚げ —— 25g
ごま油 —— 大さじ1
長ねぎの小口切り —— 30g
キムチのざく切り —— 40g
水 —— 200㎖
みそ —— 大さじ1
しょうゆ —— 適量
にらの小口切り —— 15g

1. 豆腐はキッチンペーパーにくるんでバットに入れ、重しをのせて水気をきる（ⓐ）。キッチンペーパーが水気を吸ったら2、3度取り替える。あさりは砂出しして、殻と殻をこすり合わせるようにしてよく洗う。
2. 豚肉は3㎝幅に、油揚げは1㎝幅に切る。
3. 鍋にごま油を入れて中火弱で熱し、豚肉と長ねぎを入れる。豚肉の色が変わったらキムチを加え、さらに2分ほど炒める。
4. **3**に水を加え、沸騰したら豆腐と油揚げ、みそを加えて弱火にし、ふたをして3分煮る。
5. あさりを加え、ふたをしてさらに2分煮る。あさりの口があいたら煮汁の味をみて、しょうゆで調味する。
6. にらを加えて火を止め、ふたをして余熱で火を通す。

Photo ▶ P.053
ゆでさば

17cm
オーバル

はじめに香味入りの煮汁を作ってからさばを煮るのがポイント。うまみを逃さず、ぱさつきません。あっさりしているのにしっかり味がついている食べやすい魚料理です。

材料と作り方／1人分

/// Ⓐ ///
玉ねぎの薄切り —— 4枚
にんじんの薄切り —— 2枚
しょうがの薄切り —— 2枚
イタリアンパセリの茎
　　—— 2本分
ローリエ —— 1枚
白ワイン —— 小さじ1
水 —— 100㎖
塩 —— 小さじ⅓
オリーブ油 —— 大さじ½
粗びき黒こしょう —— 少々

さば(片身) —— ½枚(80g)
ズッキーニ —— ⅓本
イタリアンパセリの
　粗みじん切り
　　—— 小さじ1
バルサミコ酢 —— 小さじ1

1. 鍋にⒶを入れて中火にかける。軽く煮立ったら火を止めて5分ほど置く。
2. 再び中火にかけ、沸騰直前にさばと(ⓐ) 5㎜厚さの輪切りにしたズッキーニを入れてふたをする。弱火で5分煮て火を止め、3分そのまま置く。 
3. さばを取り出して器に盛り、野菜を盛りつけて煮汁をまわしかける。
4. イタリアンパセリを散らし、バルサミコ酢をまわしかける。

ひとりごはん

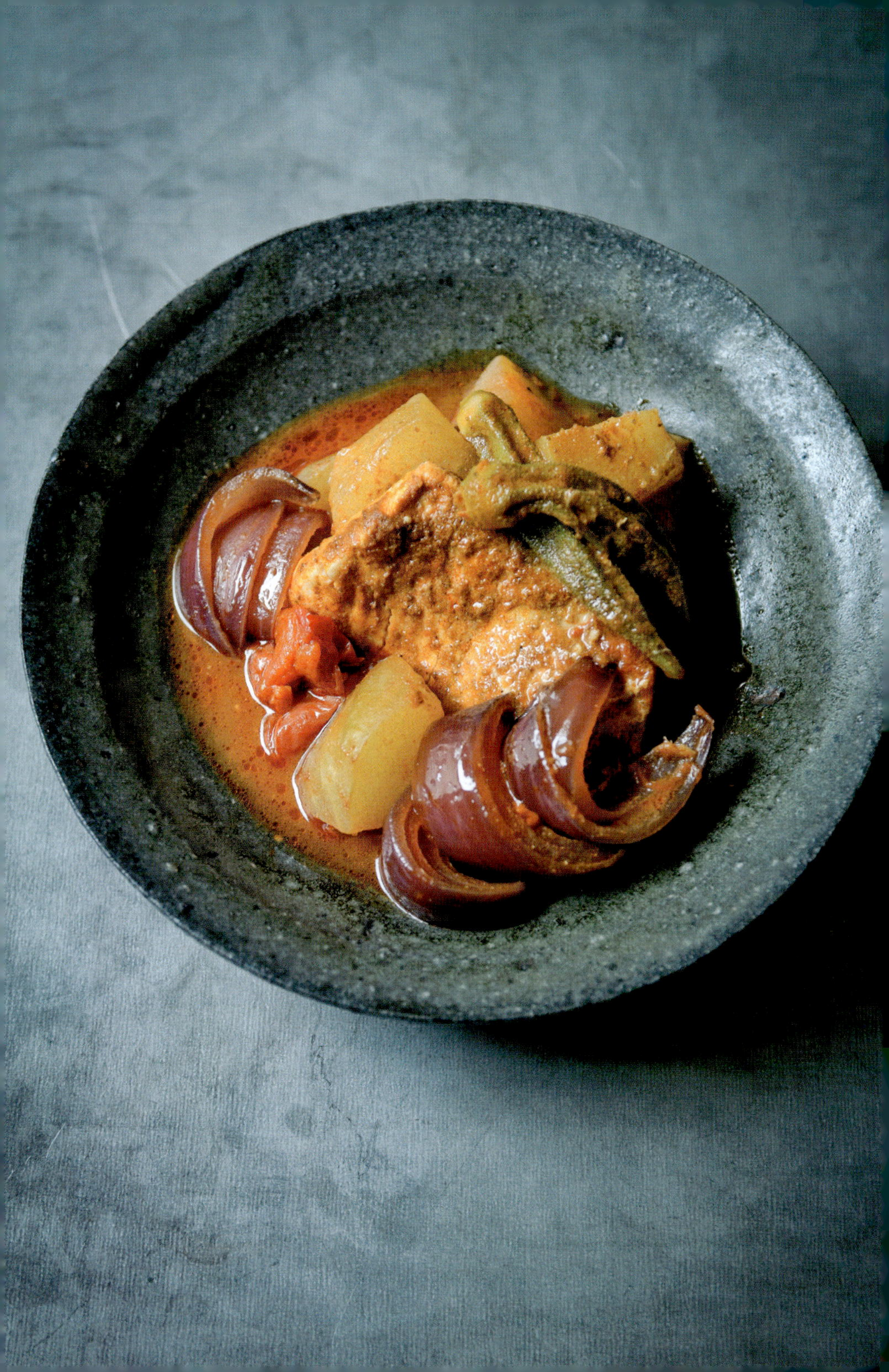

めかじきタジン

[16cm ラウンド]

タジンは素材の水分だけで蒸し焼きにする北アフリカの料理。ヘルシーなのにスパイシーな香りが食欲をそそります。たらをつかってもOK。

材料と作り方／1人分
とうがん —— 200g
紫玉ねぎ —— ½個(100g)
トマト —— 1個(220g)
オクラ —— 4本(40g)

/// Ⓐ ///
塩 —— 小さじ1
こしょう —— 適量
クミンパウダー
　　—— 大さじ1
パプリカパウダー
　　—— 大さじ1
コリアンダーパウダー
　　—— 小さじ½
チリパウダー —— 小さじ⅕
しょうがすりおろし
　　—— 小さじ1
オリーブ油 —— 大さじ1

めかじき(切り身)
　　—— 小2切れ(180g)

1　とうがんは皮をむき、わたと種を取り除いて4cm角に切る。玉ねぎは6等分にくし形切りにする。
2　トマトはへたを取り除いてざく切りにする。オクラはへたの固いところを削ぎ落とす。
3　バットにトマト以外の1と2を入れ、Ⓐを加えてよく混ぜ合わせる。
4　鍋にトマトを並べ入れて3をのせ(ⓐ)、一番上にめかじきを並べ入れてふたをする。
5　4を弱火強で20分加熱し、野菜とめかじきに火を通す。

ひとりごはん

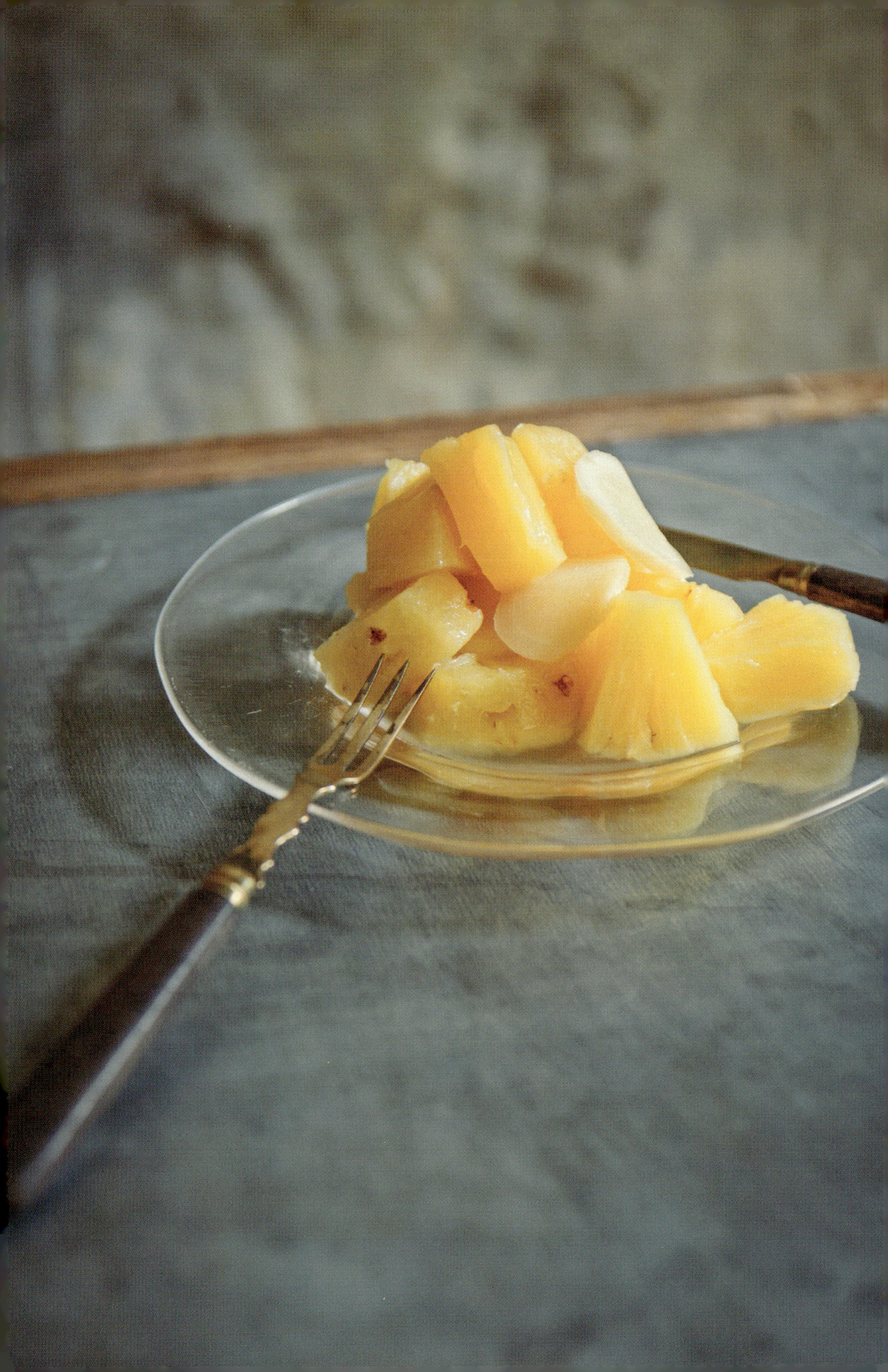

パイナップルとしょうがのコンポート

18cm ラウンド

パイナップルを切って煮るだけ、といたって簡単！ 酸味があるので甘過ぎないのがうれしい。冷やしていただくとおいしさが増します。少し多めに作っていろいろ楽しみましょう。

材料と作り方／作りやすい分量
- パイナップル(生) —— 620g
- 新しょうがの薄切り —— 60g
- 砂糖 —— 大さじ4
- 白ワイン —— 50㎖
- 水 —— 50㎖

1. パイナップルは皮と芯を取り除き、4cm角に切る。
2. 鍋にすべての材料を入れてふたをし、中火にかける。沸騰したらときどきふたをあけて全体をかき混ぜながら3分煮る。火を止めてそのまま冷まし器に盛る。残ったら保存容器に入れる。

◎保存期間は、冷蔵庫で3～4日。

One Point Advice

もう2品、炭酸割りとソルベができる！

グラスにパイナップルを入れて炭酸水を注ぐだけでパイナップルの炭酸割り(写真左)のでき上がり。甘酸っぱくてシュワシュワ～が刺激的です。

そしてもう一品は冷凍したパイナップルをミキサーにかけてソルベ(写真右)に。大人の氷酒があっという間に完成です。

ひとりごはん

ふたりごはん

ふたりごはんは料理＋会話がごちそうです。1つの鍋をふたりでつつきながらいただくのも楽しいひととき。フルコースにして最後のデザートまで食卓に並べると、パーティさながらの雰囲気になって盛り上がるでしょう。料理も簡単なものから少し手の込んだものまでいろいろ。シチュエーションに合わせて作ってみてください。

大根の塩麹煮

Recipe ▶ P.066

ブロッコリーのおかか和え
Recipe ▸ P.066

ペッパーチキン

Recipe ▶ P.067

砂肝ときのこのソテー

Recipe ▶ P.067

Photo ▶ P.062
大根の塩麹煮

18cm
ラウンド

大根を厚めに切るのがおいしさのポイント。塩麹のうまみを大根がたっぷり吸って、いっそう甘く感じます。シンプルイズベストの煮ものです。

材料と作り方／2人分
大根 —— 約1/3本（460g）
塩麹 —— 大さじ2
水 —— 100㎖

[1] 大根は皮をむき、2cm厚さの輪切りにして半月切りにする。
[2] 鍋に**1**を入れて水と塩麹を加え、大根に絡ませてふたをする。
[3] 弱火強にかけて20分ほど加熱し、竹串で刺してすっと通ったら火を止めて器に盛る。

Photo ▶ P.063
ブロッコリーのおかか和え

18cm
ラウンド

ブロッコリーの蒸し焼きもストウブの鍋の得意ワザ。加えるのは少しの水分と塩だけです。シンプルだからこそ味わえる野菜のうまみを堪能して。

材料と作り方／2人分
ブロッコリー —— 250g
塩 —— 小さじ1/2
水 —— 50㎖
削り節 —— 大さじ2

[1] ブロッコリーは小房に分けて鍋に入れ、塩と水を加えてふたをする。
[2] 中火弱にかけて4分加熱して、茎の太いところに竹串を刺してすっと通ったら火を止める。
[3] **2**に削り節をかけてひと混ぜする。

Photo ▶ P.064

ペッパーチキン

23cm オーバル

あっさりとして脂の少ない鶏胸肉を蒸し焼きに。ポイントはたっぷりの黒こしょうをかけること。お酒の供としても喜ばれる一品です。

<u>材料と作り方／2人分</u>
鶏胸肉 —— 2枚（500g）
塩 —— 小さじ1強
黒こしょう —— 適量
サラダ油 —— 大さじ2
クレソン（好みで）—— 適宜

1. 鶏肉は3等分の斜め切りにする。塩をまぶしてから、表面が真っ黒になるまで黒こしょうをふりかけ（ⓐ）、サラダ油の半量をまぶす。 
2. 鍋に残りのサラダ油を入れて中火で熱し、1を皮目から入れてふたをする。
3. 中火弱で5分焼き、ふたをあけて上下を返す。再びふたをして3分焼き、火を止める。
4. 器に盛り、好みでクレソンを添える。

Photo ▶ P.065

砂肝ときのこのソテー

20cm ラウンド

香り高いローリエが砂肝を包み込むので、砂肝が苦手な人もついつい手が伸びます。きのこのうまみも加わって、もうやみつき！

<u>材料と作り方／2人分</u>
砂肝 —— 270g
ローリエ —— 2枚
しめじ —— 1株（180g）
サラダ油 —— 大さじ1
塩 —— 小さじ1
こしょう —— 適量

1. 砂肝は両側の筋を削ぎ取り（ⓐ）、ローリエを手で細かくちぎってまぶす。しめじは石づきを取って、大きめにほぐす。 
2. 鍋にサラダ油を入れて中火で熱し、砂肝を加える。ふたをして6分火を通し、砂肝の上下を返す。しめじを加えて塩、こしょうをふり、再びふたをして中火弱で5分加熱する。

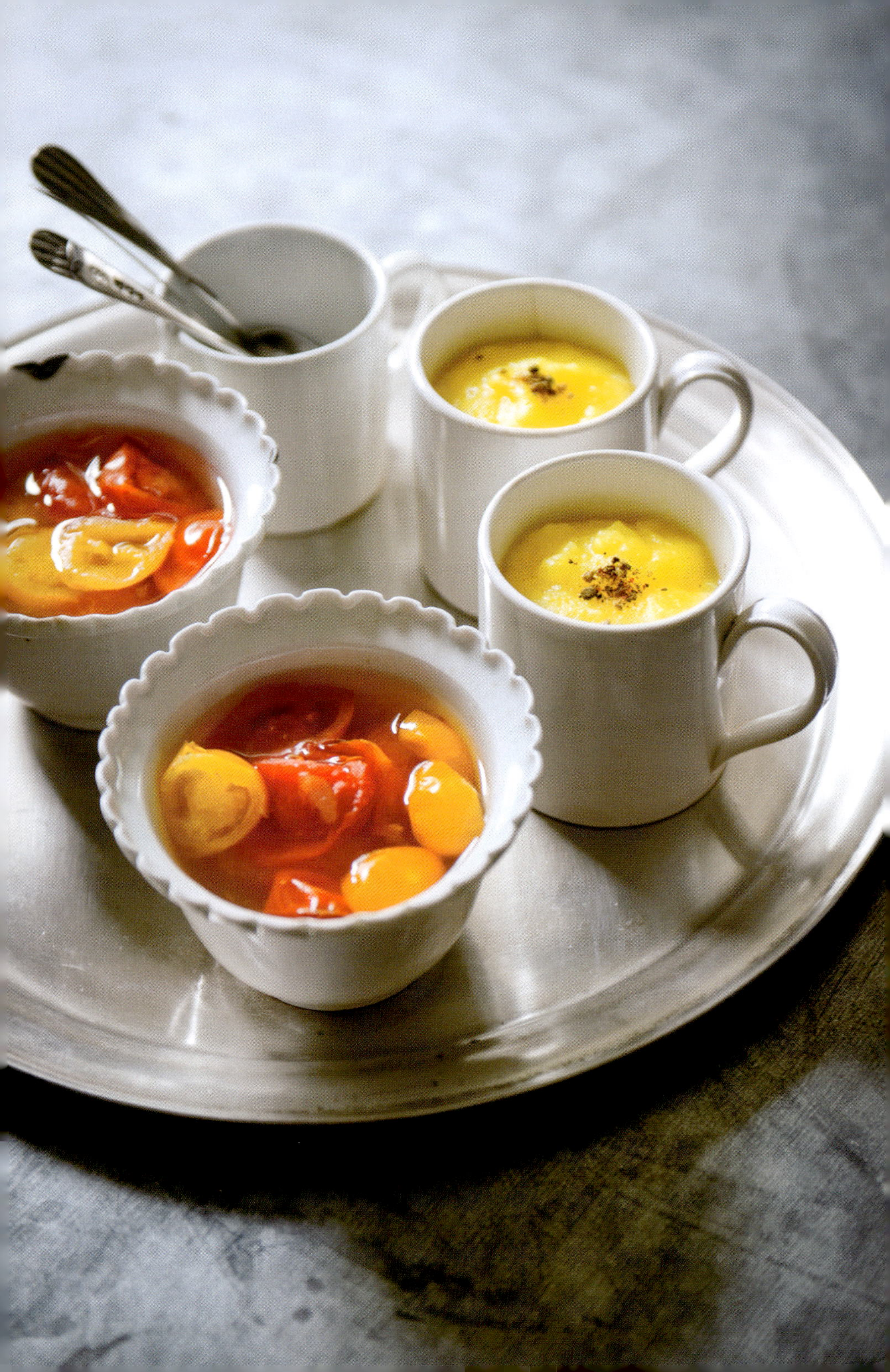

トマトスープ

〔18cm ラウンド〕

トマトを温かいスープにするときは、トマトがにごらないように弱火で温めるのがコツ。リコピンがたっぷり摂れるスープです。

材料と作り方／2人分
ミニトマト（赤） —— 12個
ミニトマト（黄） —— 10個
塩 —— 小さじ1弱
水 —— 150㎖

1. ミニトマトはへたを取って横半分に切り、種を取り除いて切り口を上にして鍋に入れる。
2. 塩をまんべんなくふり、20分ほど置く（ⓐ）。
3. ふたをして弱火にかけ、トマトの透明なエキスが出てくるまで15分ほど火を通す。
4. 水を静かに加えてエキスをのばし、味見をして塩が足りなければ足す。冷蔵庫で30分ほど冷やしてから器に盛る。

じゃがいもとレモンのスープ

〔14cm ラウンド〕

どろっとしたレモン風味のスープです。じゃがいもとレモンの意外な味のハーモニーを楽しんで。食べるスープとしてぜひ！

材料と作り方／2人分
じゃがいも —— 2個
レモン（ノンワックス）
　の薄切り —— 2枚
水 —— 400㎖
塩 —— 小さじ1
パルメザンチーズの
　すりおろし —— 大さじ1
オリーブ油 —— 大さじ1
粗びき黒こしょう（好みで）
　—— 適宜

1. じゃがいもは皮をむいて薄くスライスし、さっと水にさらしてざるに上げる。
2. 鍋に **1** とレモン、水、塩を入れてふたをし、じゃがいもが柔らかくなるまで中火弱で10分煮て火を止める。
3. **2** の鍋にハンドミキサーを入れて撹拌し、じゃがいもとレモンをつぶす。チーズとオリーブ油を加え、塩（分量外）で味をととのえる。
4. 器に盛り、好みで黒こしょうをかける。

ふたりごはん

鮭の蒸し焼き
Recipe ▶ P.074

たらこと結びしらたきの炒め煮
Recipe ▶ P.074

こんにゃくステーキ
Recipe ▶ P.075

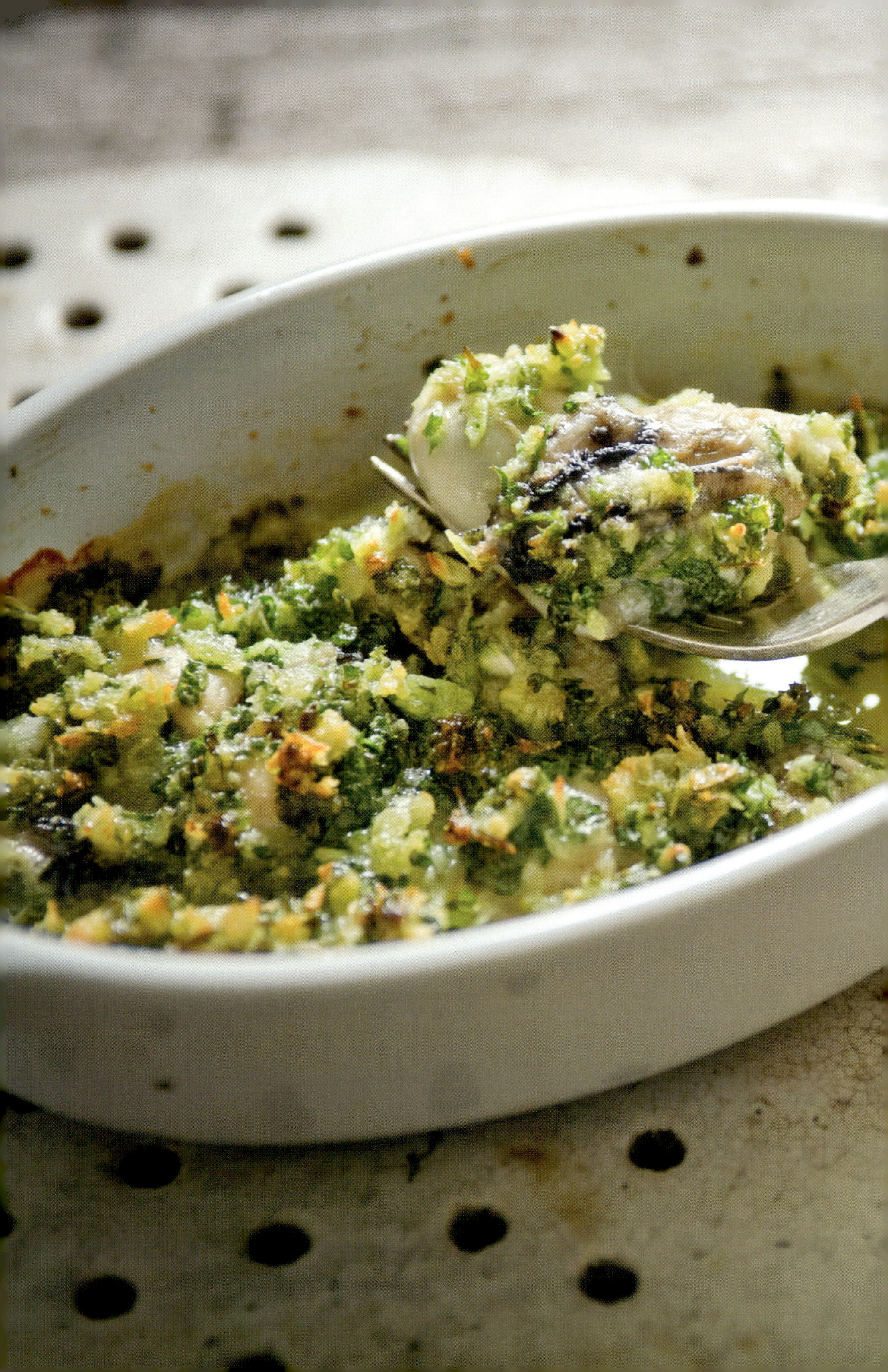

かきのパン粉焼き
Recipe ▶ P.075

Photo ▶ P.070
鮭の蒸し焼き

23cm
オーバル

鮭はあえて焼かず、かぶといっしょに蒸し焼きにしてあっさり味に仕上げます。酒をひとふりするだけで鮭のうまみが全開です。

材料と作り方／2人分
かぶ —— 4個（400g）
生鮭（切り身）
　　—— 2切れ（210g）
酒 —— 大さじ1+½

1. かぶは葉を4cm残して皮をむき、1cm厚さに切る。
2. 鍋に**1**の半量を並べて入れ、鮭をのせて酒をふる。その上に残りのかぶをのせて（ⓐ）ふたをする。
3. 弱火強にかけ、12分火を通す。

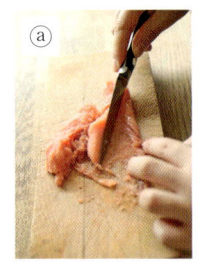

Photo ▶ P.071
たらこと結びしらたきの炒め煮

16cm
ラウンド

しらたきにたらこのうまみをしっかり吸わせます。ごはんのおかずはもちろん、酒のつまみにもピッタリです。

材料と作り方／2人分
結びしらたき
　　—— 12個（190g）
たらこ —— ½腹（65g）
酒 —— 大さじ1+½

1. しらたきは水で洗ってざるに上げる。たらこは薄皮に切り込みを入れて（たらこを）かき出す（ⓐ）。
2. 鍋に**1**と酒を入れてふたをし、中火弱にかける。ときどきふたをあけて全体をかき混ぜ、10分炒め煮にする。

Photo ▶ P.071
こんにゃくステーキ

16cm ラウンド

にんにくの風味と煮汁がしみ込んだこんにゃくは絶品！ポイントはこんにゃくを角切りにすること。しっかり味を感じながらいただけます。

<u>材料と作り方／2人分</u>
こんにゃく —— 1枚（300g）
ごま油 —— 大さじ1
にんにくの薄切り
　　—— ひとかけ分
酒 —— 大さじ3
しょうゆ —— 大さじ1+½

1. こんにゃくは2cmの角切りにして洗い、キッチンペーパーで水気をふく。
2. 鍋にごま油を入れて中火で熱し、**1**を加えてふたをする。2分焼いて上下を返し、隙間ににんにくを入れて（ⓐ）再びふたをし、2分火を通す。
3. 酒としょうゆをまわしかけてふたをし、弱火で2分火を通す。

Photo ▶ P.072
かきのパン粉焼き

17cm セラミック

パセリとにんにくのきいたパン粉でかきのうまみを閉じ込めます。外はカリッと香ばしく、中からはうまみたっぷりのかきの煮汁がジュワ〜！

<u>材料と作り方／2人分</u>
かき —— 10個（160g）
パン粉 —— 大さじ3
パセリみじん切り
　　—— 大さじ2
にんにくみじん切り
　　—— ひとかけ分
塩 —— 小さじ¼
オリーブ油 —— 大さじ2

1. かきは流水で洗って水気をふき、グラタン皿に並べる。
2. ボウルにパン粉、パセリ、にんにく、塩を入れて混ぜ合わせ、**1**の上にふりかける。
3. オリーブ油をまわしかけて、220℃に予熱したオーブンでこんがり焼き色がつくまで12分焼く。

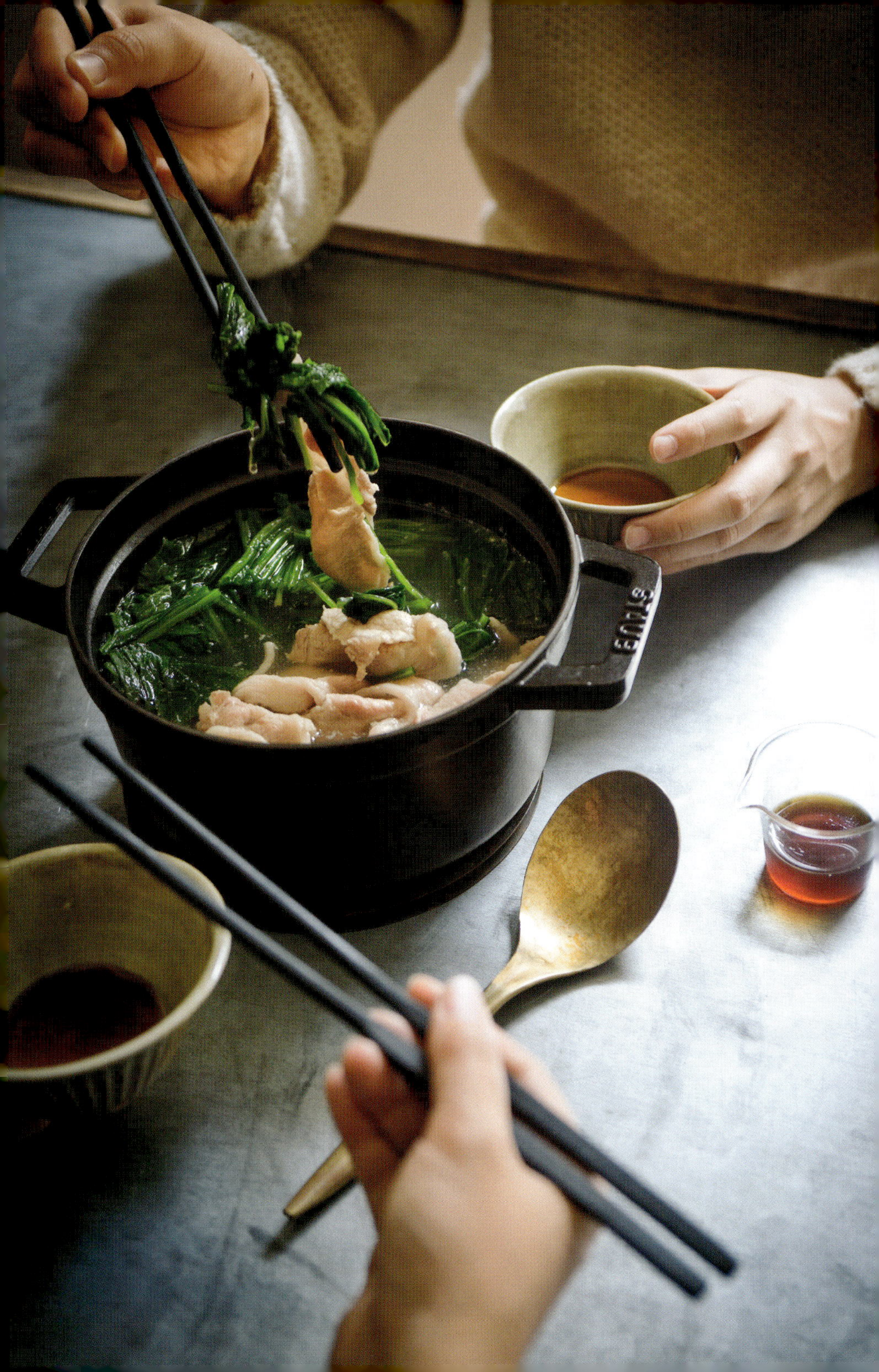

常夜鍋

20cm ラウンド

毎日食べても飽きないシンプルな鍋。豚肉にじっくり火を通してうまみを出します。保温性が高いので食卓に運んでもアツアツをキープ。

材料と作り方／2人分
昆布 —— 4g
水 —— 900mℓ
ほうれん草 —— 1把
豚薄切り肉（しゃぶしゃぶ用）—— 12枚（215g）
酒 —— 50mℓ
ポン酢 —— 適量

1. ボウルに分量の水を入れ、昆布をつけて3時間ほど置く。
2. 鍋に200mℓの湯（分量外）を沸かし、ほうれん草の茎のほうが湯につかるように押し曲げて入れ、ふたをする。1分ゆでて水にさらし、ざるに上げて水気をしぼる。
3. 2のほうれん草の根元を切り落として7cm長さに切り、豚肉は10cm長さに切る（ⓐ）。
4. 2の鍋をさっと洗い、1と酒を入れて中火にかける。沸騰したら弱火にし、静かに沸いている状態にしてほうれん草の茎の部分と豚肉をほぐしながら加え、最後にほうれん草の葉を入れて火を止め、ふたをする。そのまま3分待ってから食卓へ運び、ポン酢を添える。

ふたりごはん

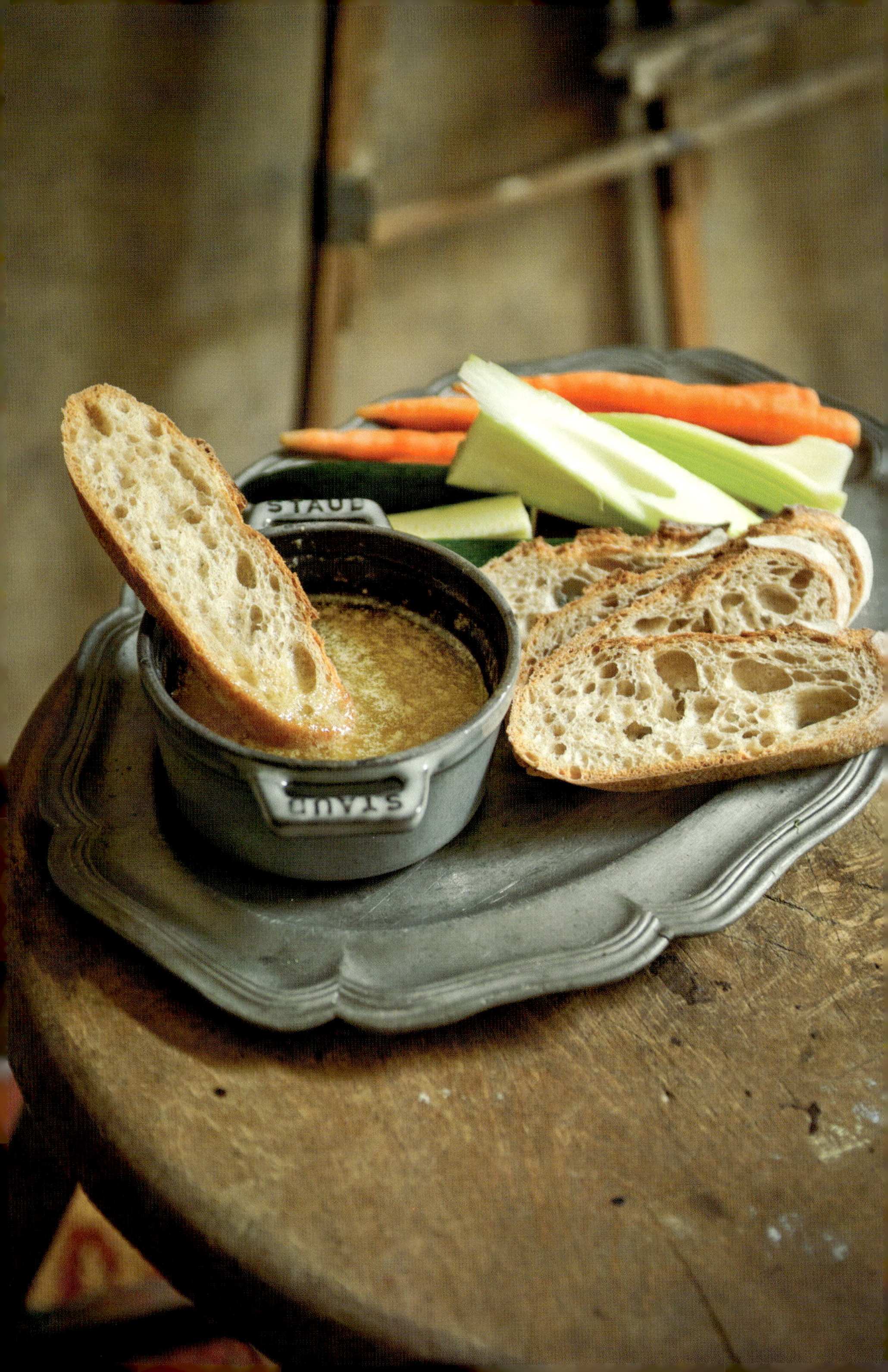

バーニャカウダーソース

10cm ラウンド

パンや生野菜をひと際おいしくしてくれるソースです。残ったらパスタに絡めたり、魚のソースに。作っておくと料理の幅が広がります。

材料と作り方／2人分
にんにく —— ひとかけ
アンチョビ(フィレ) —— 5枚
オリーブ油 —— 大さじ4
生クリーム —— 80㎖
こしょう —— 適量
バゲット —— 適量
生野菜(セロリ、ミニキャロットなど好みで) —— 適量

1. にんにくは縦半分に切って芽を取り除き、薄切りにする。
2. 鍋に1とアンチョビ、オリーブ油を入れてふたをし、弱火にかける。ときどきかき混ぜながらにんにくが柔らかくなるまで6分ほど煮て火を止め、にんにくとアンチョビをへらでつぶして(ⓐ)ペースト状にする。
3. 生クリームとこしょうを加え、弱火にかけながら混ぜ、湯気が出てきたら火を止める。
4. 焼いたバゲットや食べやすく切った生野菜にソースをつけて食べる。

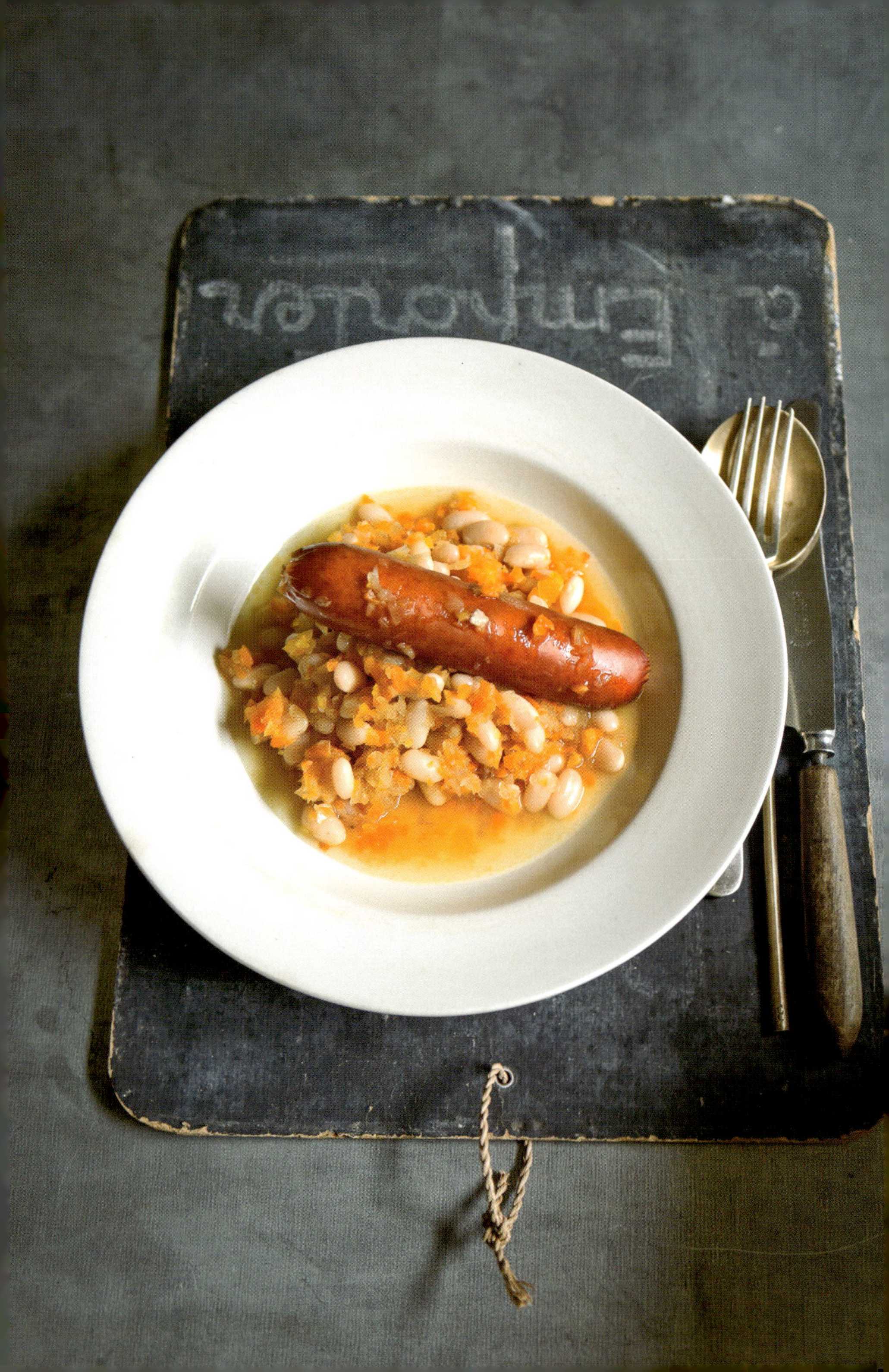

ソーセージと白いんげん豆の蒸し焼き

[17cm オーバル]

オーブンに鍋ごと入れて蒸し焼きにした豆の煮込み。火の通りが早く、煮崩れることなく、柔らかくでき上がります。白大福豆や白花豆でもOK。

材料と作り方／2人分
白いんげん豆(乾燥) —— 70g
にんじんのみじん切り —— ½本分
玉ねぎのみじん切り —— ½個分
塩 —— 小さじ1
水 —— 250㎖
ソーセージ —— 2本(130g)
こしょう —— 適量

1. 白いんげん豆は洗ってボウルに入れ、3倍の水に浸して冷蔵庫で一晩戻す。
2. 1をざるに上げて水気をきり、鍋に入れる。にんじん、玉ねぎ、塩、水を加えてひと混ぜし、ソーセージをのせて(ⓐ)ふたをする。
3. 200℃に予熱したオーブンに入れて30分蒸し焼きにする。
4. こしょうをふり、塩(分量外)で味をととのえる。

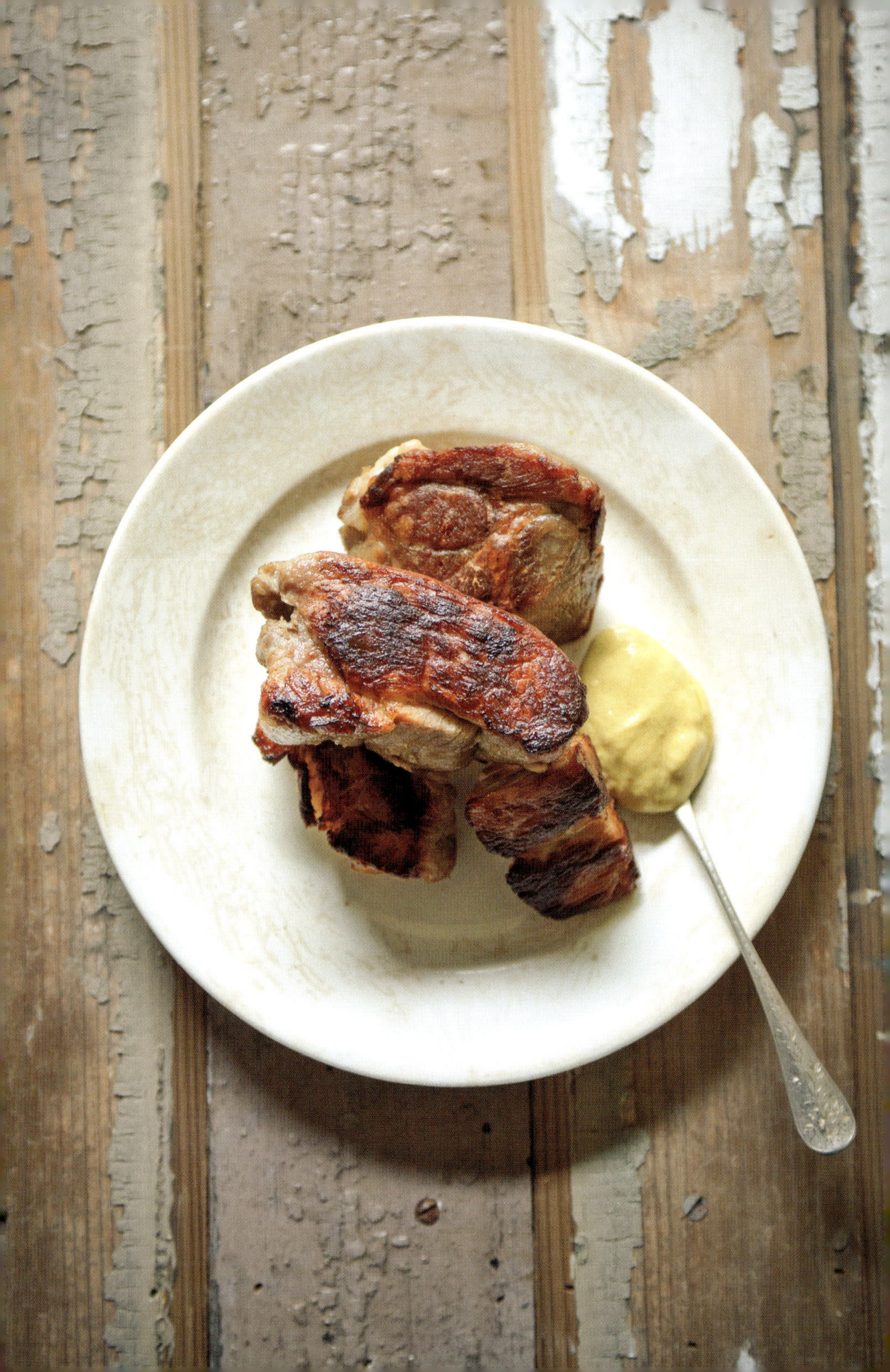

豚肩ロースのオイル煮

18cm ラウンド

素材を脂で煮込む調理法をコンフィといいます。脂が静かに沸騰している状態を保ちながら煮るのがコツ。表面をカリッと焼くといっそうおいしい。

材料と作り方／2人分
豚肩ロース肉 —— 400g
塩 —— 小さじ1+½
にんにく —— ひとかけ
ローリエ —— 1枚
白ワイン —— 50ml
ラード —— 260g
マスタードや和からし
　（好みで）—— 適量

1. 豚肉は脂の部分を切り落として4等分に切り、塩をまぶしつけて冷蔵庫で一晩マリネする。
2. にんにくは縦半分に切り、芽を取り除く。
3. 鍋に余分な水分を軽くふき取った1を入れ、にんにくとローリエを加えて白ワインを注ぐ。1で切り落とした脂とラードを加えてふたをし、弱火にかけて豚肉が柔らかくなるまで40分ほど煮込む(ⓐ)。
4. 豚肉を取り出し、予熱したオーブントースターで表面をカリッと焼く。
5. 器に盛り、好みでマスタードや和からしを添える。

One Point Advice

もう1品、
即席リエットも作れる！

リエットは脂やラードでゆっくり煮てパテのようにしたもの。ここで煮込んだ豚肉をフォークなどでつぶしてほぐすだけで完成です。パンやクラッカーにのせてカナッペ風にすれば、小腹がすいたときや酒のつまみにピッタリです。

マスタード風味の鶏とりんごの煮込み
Recipe ▸ P.082

じゃがいもグラタン
Recipe ▶ P.083

Photo ▶ P.084

マスタード風味の鶏とりんごの煮込み

20cm ラウンド

肉だんごの中からチーズがとろ〜り。りんごの甘酸っぱさと肉汁が溶け合って極上のおいしさです。粒マスタードの量は好みで増やしても。

材料と作り方／2人分
りんご —— 小1個
鶏ももひき肉 —— 260g
玉ねぎのみじん切り
　　—— 小¾個分(150g)
塩(下味用) —— 小さじ½
こしょう(下味用) —— 適量
とろけるチーズ
　　—— 小さじ4
サラダ油 —— 大さじ1
水 —— 300mℓ
粒マスタード —— 大さじ3
塩、こしょう —— 各適量

1. りんごは皮をむいて8等分のくし形切りにする。
2. ボウルに鶏肉を入れ、玉ねぎの分量から50gを加えて塩、こしょうをし、手でよく練って4等分にする。一つを丸めて中心に穴をあけ、チーズを入れて(ⓐ)、再びだんご状に丸めて形をととのえる。残りの3つも同様にして丸める。
3. 鍋にサラダ油をしいて中火弱にかけ、しっかり温まったら2を入れて軽く焼き色がつくまで焼く。ひっくり返して同じように焼いたら、いったん取り出す。
4. 3の鍋に残りの玉ねぎを入れ、半透明になるまで弱火で炒める。3の鶏だんごとりんご、水を加え、ふたをして中火弱で10分煮る。粒マスタードを加え、塩、こしょうで味をととのえる。

Photo ▶ P.085
じゃがいもグラタン

17cm オーバル

じゃがいもとにんにくを牛乳で煮るだけ。おろしたてのナツメグの香りやチーズに少しこだわるといっそうおいしく仕上がります。

材料と作り方／2人分
- じゃがいも —— 中4個
- にんにくの薄切り —— ひとかけ分
- 塩 —— 小さじ1
- 水 —— 100mℓ
- 牛乳 —— 200mℓ
- ナツメグのすりおろし —— 適量

◎ホールで用意しておくと、すりおろしたての香りの高いものが使える。ないときはナツメグパウダーでもよい。

- チーズのすりおろし —— 80g

◎ピザ用チーズやパルメザンチーズでもよい。あればスイスのハードチーズのグリュイエールチーズにすると本格的な味に仕上がる。

1. じゃがいもは皮をむき、1個を4〜5等分の輪切りにしてさっと水にさらし、ざるに上げる。
2. 鍋にじゃがいもとにんにく、塩、水を入れてふたをし、中火弱にかける。7分ほど火を通してじゃがいもに8割方火を通す。
3. 2の鍋のふたをずらして水分を捨て、牛乳を加える（ⓐ）。ナツメグはすりおろして適量をふりかけ、チーズもすりおろして（ⓑ）表面にたっぷりとかけ、再びナツメグをふりかける（ⓒ）。
4. 240℃に予熱したオーブン（またはオーブントースター）で表面に焼き色がつくまで10分ほど焼く。

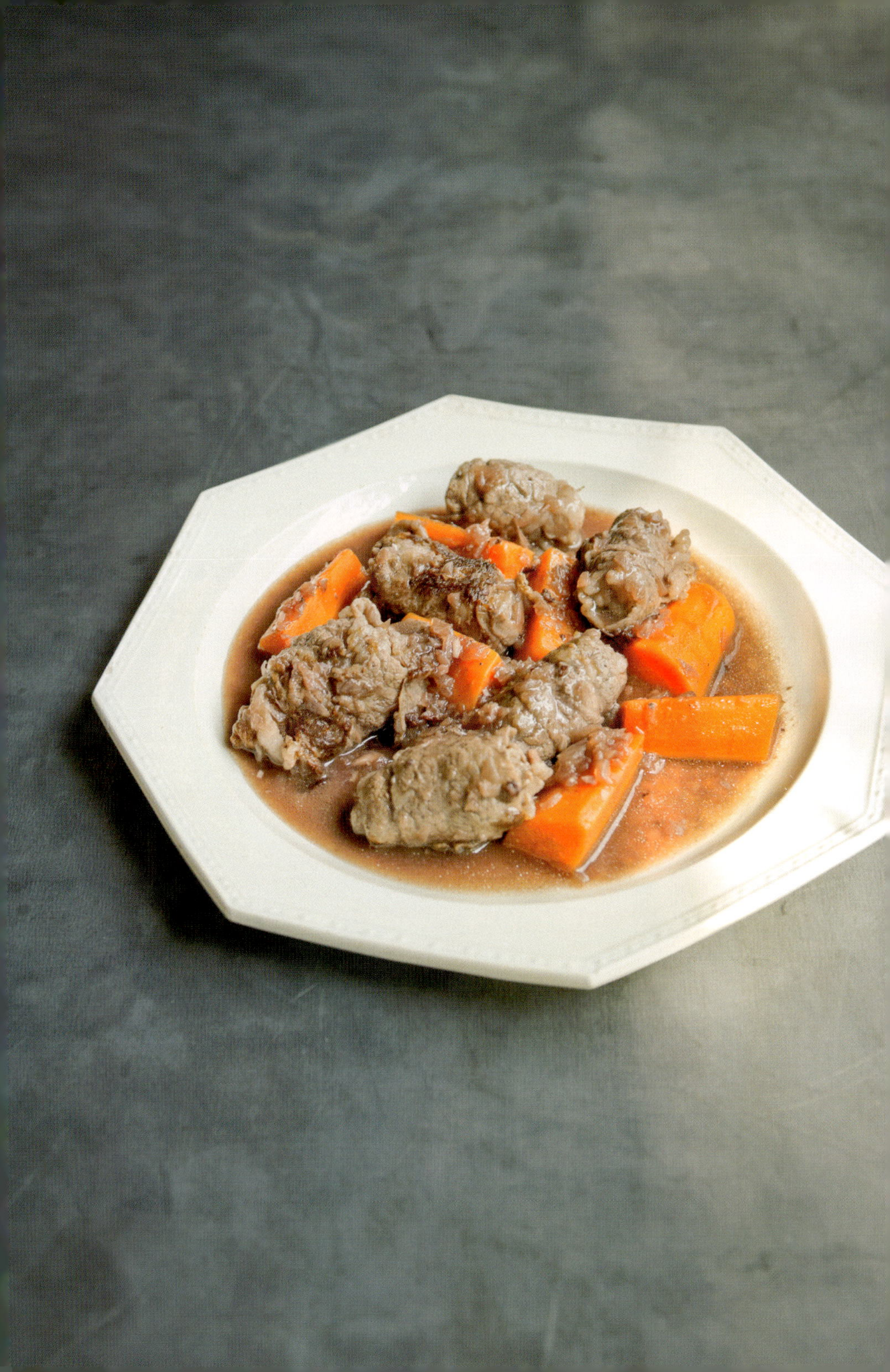

牛肉ロールの煮込み

20cm ラウンド

かたまり肉の代打は薄切り肉を巻いたもの。これなら火の通りが早く、しかも柔らかいので食べやすい！ 煮込み料理の早ワザです。

材料と作り方／2人分
にんじん ── 1+½本
牛肉（切り落とし）── 300g
塩 ── 小さじ1
こしょう ── 適量
薄力粉 ── 約大さじ2
サラダ油 ── 大さじ2
玉ねぎのみじん切り ── ½個（100g）
にんにくのみじん切り ── ひとかけ分
赤ワイン ── 100㎖

1. にんじんは皮をむいて1本を3等分の長さに切り分け、それぞれ縦4等分に細長く切る。
2. 牛肉を数枚ずつ重ねてくるくる巻く（ⓐ）。塩、こしょうをふって、薄力粉をまぶしつける。
3. 鍋にサラダ油を入れて中火弱で熱し、牛肉の巻き終わりを下にして入れて焼く。しばらく焼いて、焼き色がついて鍋底からはがれるようになったら、上下を返して同じように焼き、いったん取り出す。
4. ❸の鍋をキッチンペーパーで軽くふき、玉ねぎとにんにく、にんじんを加えてひと混ぜする。ふたをして弱火強にかけ、4分間蒸し焼きにする。
5. ふたをあけて全体を混ぜ、❸の肉を戻し入れる。赤ワインを加えて中火にし、ふたをしないでアルコールの香りが飛ぶまで煮る。塩、こしょう（分量外）で煮汁の味をととのえて器に盛る。

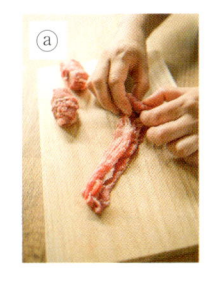

ふたりごはん

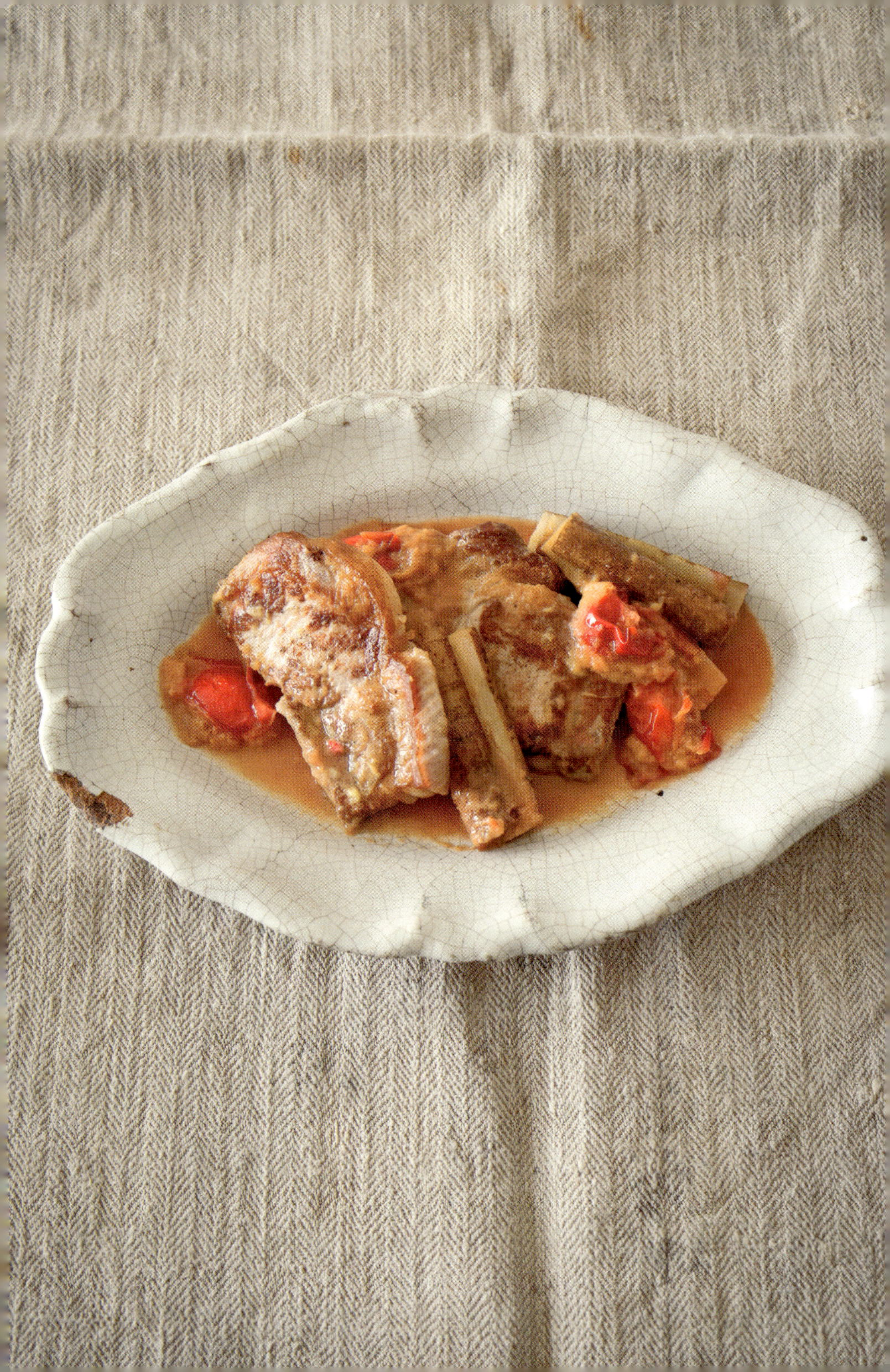

ローストポーク

23cm オーバル

豚肉を蒸し焼きにしてしっとり焼きあげます。うまみの出た脂を利用してソースも同じ鍋で。甘酸っぱいソースが豚肉の甘みを引き立てます。

材料と作り方／2人分
ごぼう —— ½本
プラム —— 3個
豚ロース肉(とんかつ用) —— 2枚(240g)
塩 —— 小さじ1+½
サラダ油 —— 大さじ2
はちみつ —— 大さじ2
こしょう —— 適量

1. ごぼうは表面をたわしで軽くこすって洗い、5cm長さに切ってから縦半分に切り、水にさらしてからざるに上げる。プラムは中心に切り込みを入れて半分に割り、種を取り除く。
2. 豚肉は肉と脂身の境に包丁で垂直に浅く切り込みを入れる(ⓐ)。これを全体に数か所行い、裏面も同じようにする。分量の塩から1枚につき、ひとつまみふる。
3. 鍋にサラダ油を入れて中火弱にかけて熱し、しっかり温まったら豚肉を並べ入れて3分焼く。焼き色がついたらひっくり返し、ごぼうとプラムを加えて(ⓑ)ふたをする。弱火強にして4分焼き、豚肉を取り出して器に盛る。
4. **3**の鍋にはちみつと残りの塩を入れ、こしょうをふる。プラムが煮崩れる寸前まで火を通し、煮汁の味をみて、塩、こしょうで味をととのえる。
5. **3**の器に**4**のごぼうと煮汁を盛る。

パプリカの煮込み
Recipe ▶ P.094

チコリとハムのグラタン
Recipe ▶ P.095

Photo ▶ P.092
パプリカの煮込み

18cm ラウンド

みずみずしいパプリカの蒸し煮です。パプリカがとろりとして甘く、アンチョビのうまみがアクセントに。

材料と作り方／2人分
パプリカ(赤) —— 2個
パプリカ
　（オレンジまたは黄色）
　　—— 1個
玉ねぎ —— 1/2個(100g)
トマト —— 1個(160g)
アンチョビ（フィレ）
　　—— 5枚ほど(25g)
オリーブ油 —— 大さじ1
塩 —— 適量
生ハム（好みで） —— 適量

1　パプリカは縦半分に切って軸と種を取り除き、横半分に切ってから縦に5mm幅に切る。玉ねぎは皮をむき、縦半分に切ってから繊維に沿って薄切りにする。トマトはへたを取り除き、ざく切りにする。

2　鍋にアンチョビと玉ねぎ、オリーブ油を入れて中火弱にかける。へらでアンチョビを潰しながら(ⓐ)玉ねぎが半透明になるまで炒める。

3　パプリカとトマトを加えて全体を混ぜ、ふたをしてパプリカが柔らかくなるまで20分煮込む。ときどきふたをあけて混ぜる。最後に煮汁の味をみて、塩で味をととのえる。

4　器に盛り、好みで生ハムを添える。

One Point Advice

いろいろなアレンジが楽しめる
パプリカの煮込み

パプリカの煮込みはいろいろな楽しみがあります。魚や鶏肉をグリルしたものにかけたり、パスタのソースにしたり、卵と合わせてオムレツにしたり、野菜とアンチョビを加えて蒸し焼きにしたり、パンの上にのせてオリーブ油をたらしてトーストするなど。少し多めに作っていろいろなアレンジを楽しんでみてください。

Photo ▶ P.093
チコリとハムのグラタン

18cm ラウンド

チコリ独特の苦みは、ひと手間かけて下煮すれば大丈夫。ハムとホワイトソースを合わせれば、かすかに感じる苦みがうまみに早変わりです。

材料と作り方／2人分

チコリ —— 3個

/// Ⓐ ///
レモンのしぼり汁
　　　—— 小½個分
塩 —— 小さじ½
水 —— 100㎖

ロースハムスライス
　　　—— 6枚

/// ホワイトソース ///
バター（食塩不使用）
　　　—— 20g
薄力粉 —— 20g
牛乳 —— 250㎖
ナツメグのすりおろし
　　　—— 適量

◎ホールで用意しておくと、すりおろしたての香りの高いものが使える。ないときはナツメグパウダーでもよい。

チーズのすりおろし
　　　—— 大さじ3

◎ピザ用チーズやパルメザンチーズでもよい。あればスイスのハードチーズのグリュイエールチーズにすると本格的な味に仕上がる。

塩 —— 小さじ1

1　チコリは縦半分に切る。
2　鍋にⒶとチコリを入れてふたをし、中火にかける。沸騰したら弱火にして8分煮る。ふたをあけて粗熱を取る（ⓐ）。
3　2の鍋の水分を捨て、チコリに1枚ずつハムを巻いて鍋底に並べる。
4　ホワイトソースを作る。耐熱ボウルにバターを入れ、600Wの電子レンジで30秒加熱して溶かす。薄力粉を加えてへらでよく混ぜ、牛乳の半量を加える。再び電子レンジに入れて、牛乳から湯気が立つまで温め、へらでよく混ぜ合わせる。ダマがなくなめらかに混ざったら、残りの牛乳を加え、再び電子レンジで湯気が立つまで温め、よく混ぜ合わせる。ナツメグとチーズをすりおろして混ぜ、最後に塩を加えて混ぜる。
5　3の鍋に4のホワイトソースをかけ（ⓑ）、220℃に予熱したオーブンで表面に焼き色がつくまで15分ほど焼く。

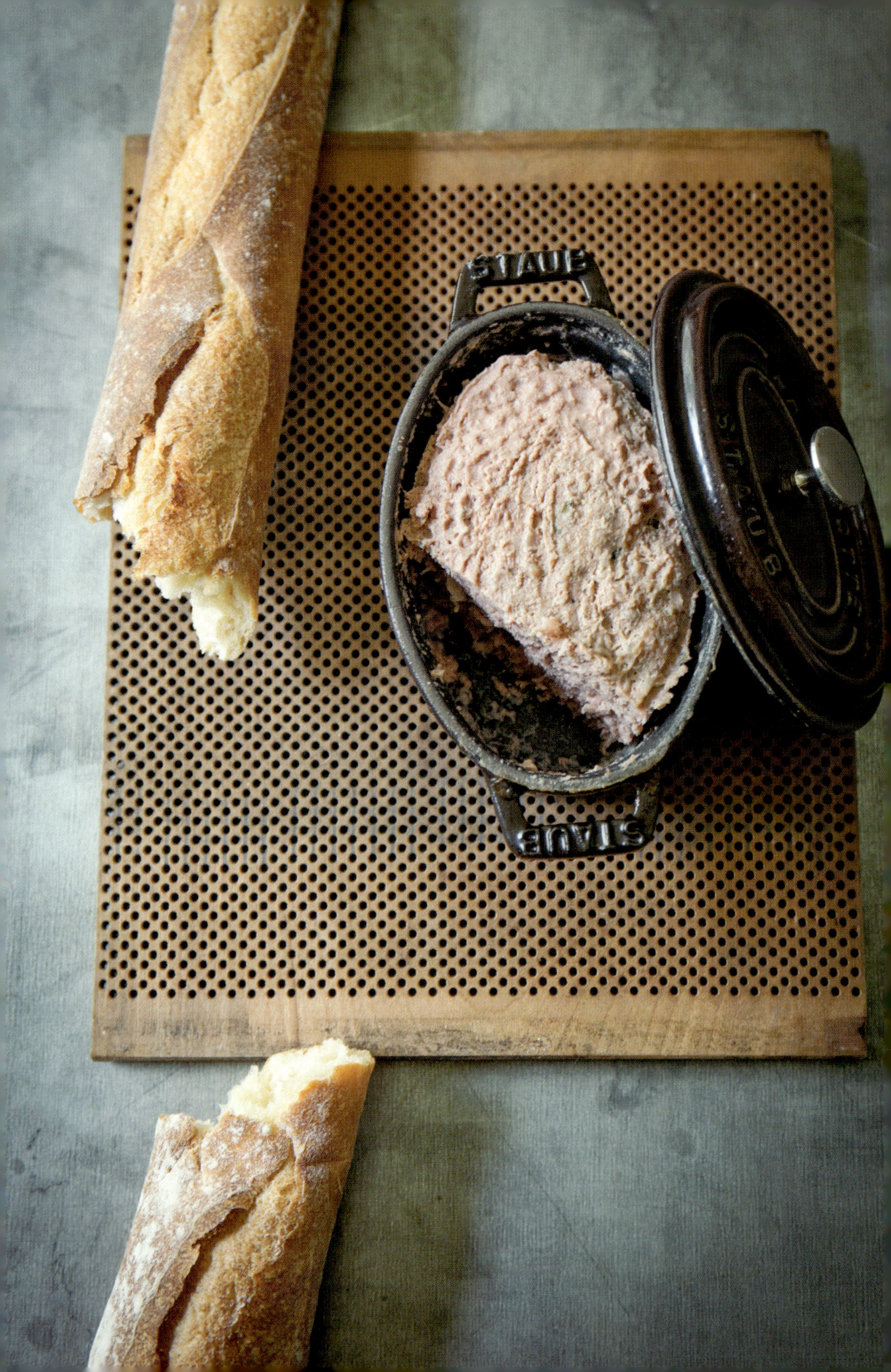
STAUB

パテ

11cm
オーバル

ひき肉と香味野菜を合わせて蒸し焼きにしたパテです。食べきりサイズの小さなサイズの鍋で作れば簡単！ 鍋ごと冷やし固めて食卓へ。

材料と作り方／2人分
アーモンド —— 6粒
合いびき肉 —— 150g
セロリ（葉ごと）のみじん切り —— 20g
玉ねぎのみじん切り —— 20g
にんにくのみじん切り —— 小½
卵 —— ½個
塩 —— 小さじ½
粗びき黒こしょう —— 小さじ½
ブランデーやルビーポルト酒 —— 大さじ1
パン（好みのもの） —— 適量

1. アーモンドは150℃に予熱したオーブンで10分焼く。
   ◎フライパンの場合は、アーモンドの香りがたつまで弱火強でから炒りする。
2. ボウルにアーモンド以外の材料をすべて入れてよく練る。
3. 鍋に空気を抜くように指で押しながら2を詰め、アーモンドをところどころに埋め込む。
4. ふたをして160℃に予熱したオーブンで30分焼く。オーブンから取り出して冷めるまでそのまま置く。
5. 冷めたらふたをあけて小さなバットを1枚のせて重し（ふたなどを利用）をのせ（ⓐ）、冷蔵庫で一晩冷やす。
6. 好みの厚みに切り、パンにのせて食べる。

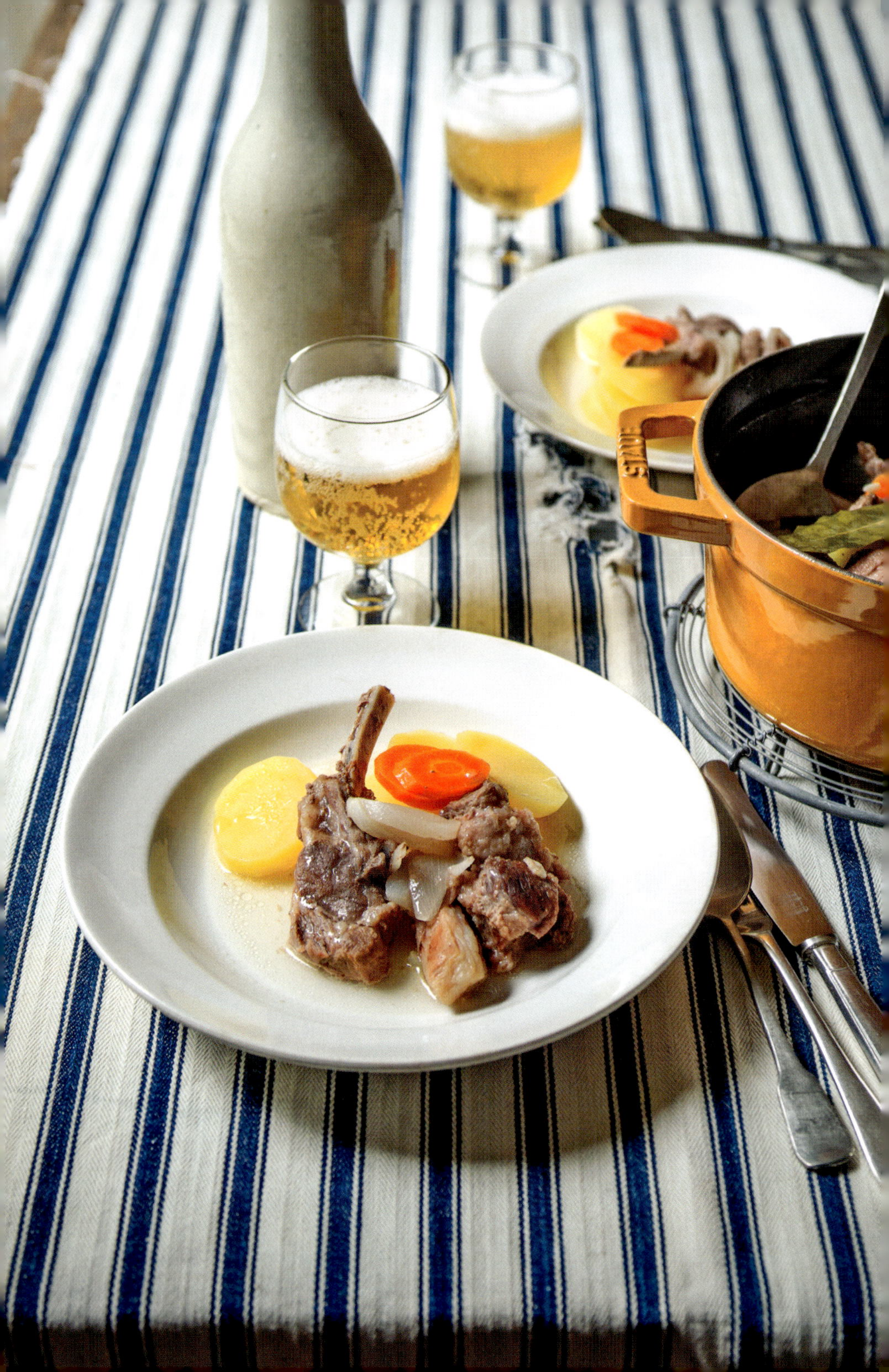

ベッコフ

20cm ラウンド

フランス・アルザス地方の郷土料理ベッコフ。3種の肉と4種の野菜のうまみが混ざり合って絶品！ふたの重いストウブの鍋ならパン生地を使わずに作れます。

材料と作り方／2人分

牛すね肉 —— 200g
豚肩ロース肉 —— 300g
骨つきラム肉 —— 2本
塩 —— 大さじ2
玉ねぎ —— 小½個（100g）
にんにく —— ひとかけ
白ワイン（辛口）—— 200㎖
じゃがいも —— 2個
にんじん —— 1本
こしょう —— 適量
タイム（生）—— 5本
ローリエ —— 1枚

1. 牛肉と豚肉は5cmの角切りにし、ラム肉と共にバットに並べて塩の分量から大さじ1をふる。玉ねぎとにんにくは薄切りにし、肉類といっしょにビニール袋に入れる。ワインを加えて袋の口を閉じ、一晩マリネする（ⓐ）。 
2. じゃがいもとにんじんは皮をむき、5mm厚さの輪切りにする。
3. **1**をざるに上げて、マリネ液を分ける。
4. 鍋にじゃがいもとにんじんの半量を並べて入れ、残りの塩の分量から大さじ½をふる。その上に肉類を並べてこしょうをふり、残りのにんじんとじゃがいもをのせ（ⓑ）、残りの塩をふってタイムとローリエをのせる。 
5. **4**に**3**のマリネ液を注ぎ入れて（ⓒ）ふたをし、180℃に予熱したオーブンで1時間ほど蒸し焼きにする。

ふたりごはん

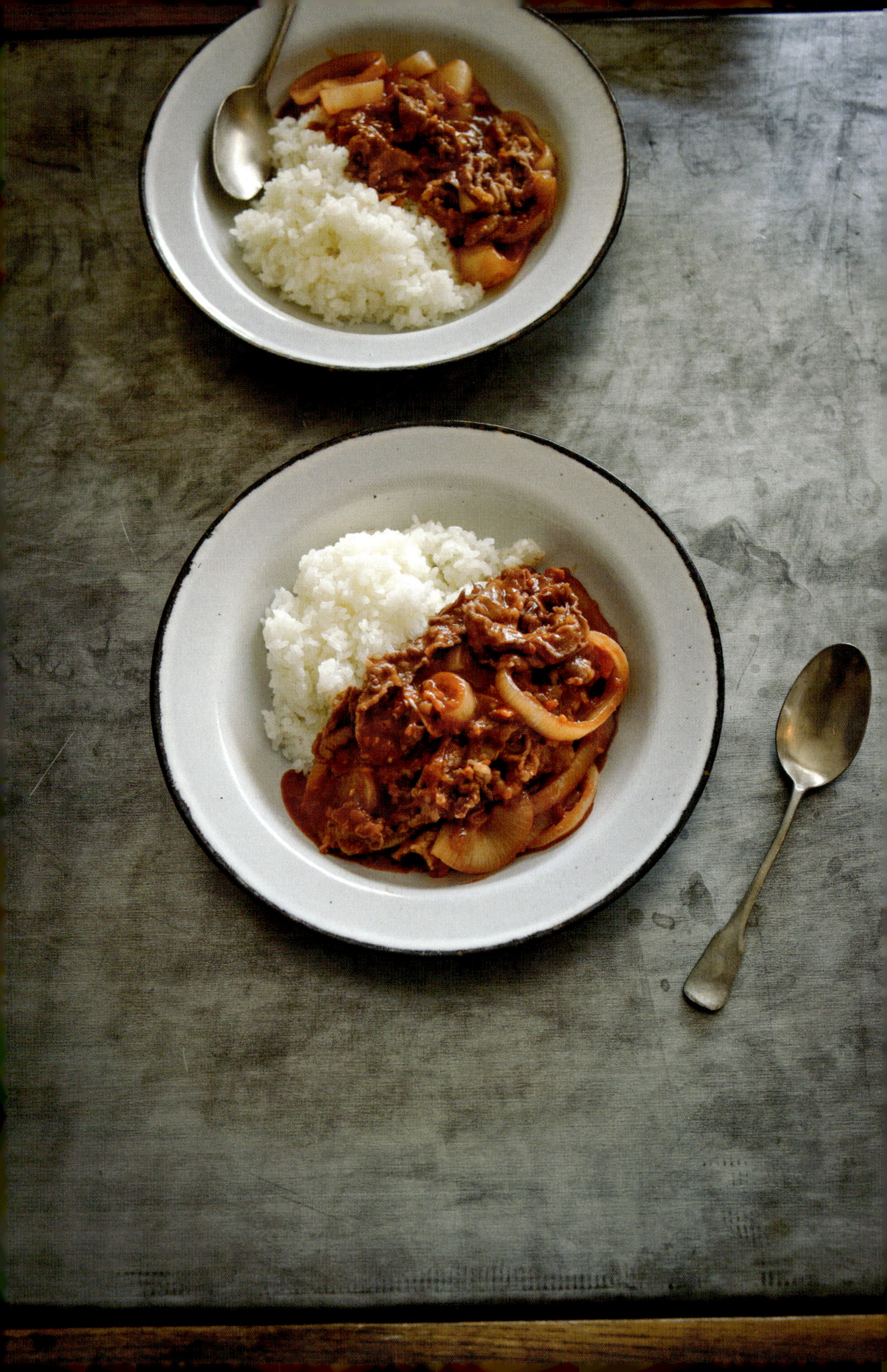

ハヤシライス

20cm
ラウンド

簡単なルーを作って本格的なハヤシライスを作ります。ポイントはバターと薄力粉を色づくまでしっかり炒めることと、刻んだ野菜をしっかり炒めること。

材料と作り方／2人分
牛薄切り肉 —— 180g
玉ねぎ —— 2個(245g)
サラダ油 —— 大さじ1

/// ルー ///
バター(食塩不使用)
　　—— 20g
薄力粉 —— 20g
玉ねぎのみじん切り
　　—— 50g
セロリのみじん切り
　　—— 50g
にんじんのみじん切り
　　—— 30g
トマトピューレ
　　—— 大さじ2

赤ワイン —— 80mℓ
水 —— 400mℓ
塩 —— 大さじ1と½
こしょう —— 適量
ごはん(P20参照) —— 適量

1. 牛肉は8cm幅に切る。玉ねぎは皮をむいて2cm厚さの輪切りにする。
2. 鍋にサラダ油を入れて中火で熱し、玉ねぎを加えて軽く焼き色がつくまで焼き、取り出す。同じ鍋に牛肉を入れ、ほぐしながら炒めて半分くらい火が入って肉の色が変わったら取り出す。
3. ルーを作る。2の鍋にバターを入れて溶かし、薄力粉を加えて弱火強にし、茶色に色づくまで炒める(ⓐ)。玉ねぎ、セロリ、にんじんを加えて(ⓑ)6分ほど炒め、トマトピューレを加えてさらに3分炒める。
4. 3に赤ワインを加えて中火弱にし、アルコールの香りが飛ぶまで煮てから水を加える。沸騰したら弱火強にし、2の玉ねぎと牛肉、塩、こしょうを加えて混ぜ、ふたをして5分煮る。最後に塩(分量外)で味をととのえる。
5. 器にごはんを盛り、4をかける。

ふたりごはん

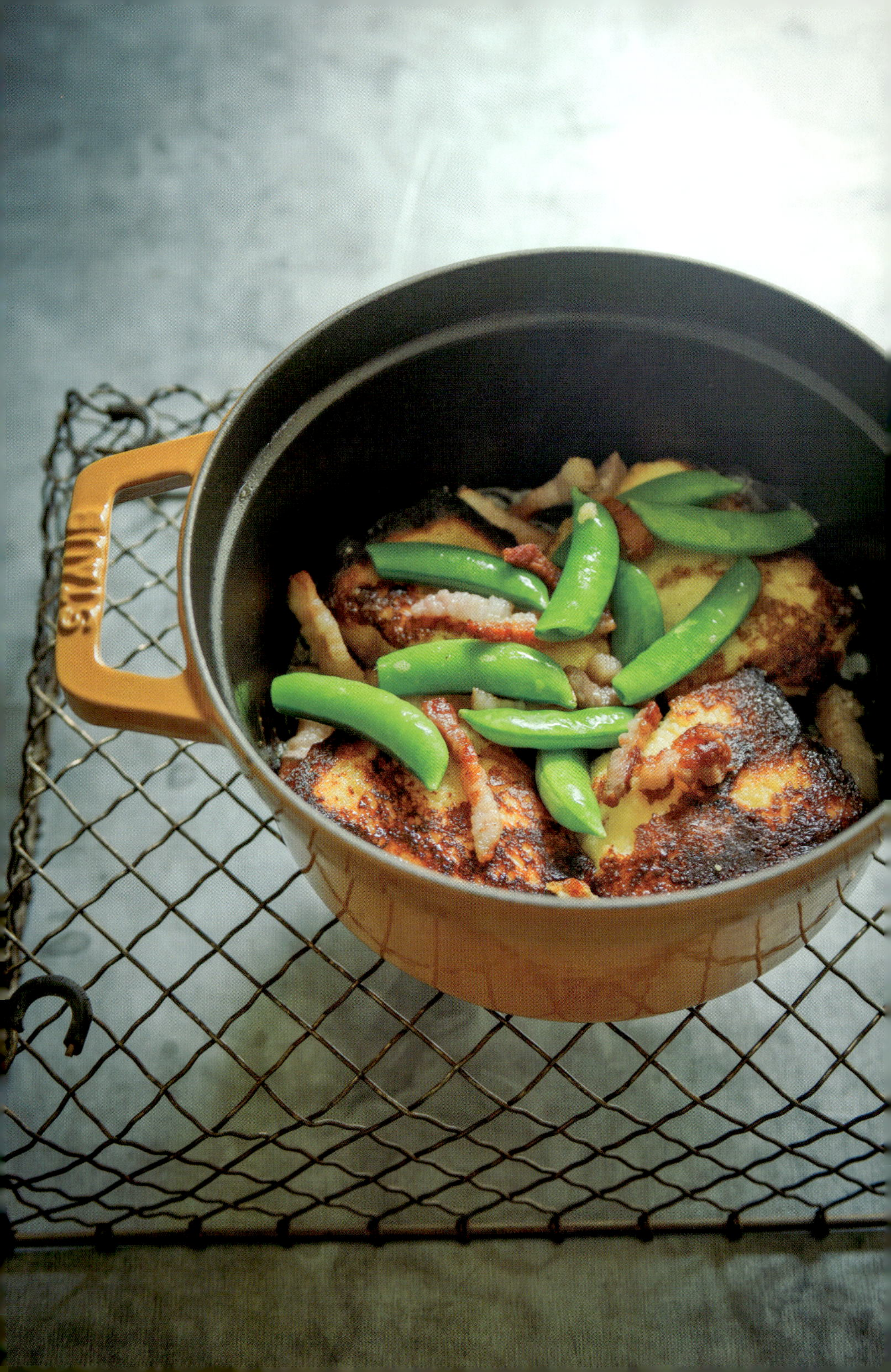

チーズフレンチトースト

20cm ラウンド

甘くないタイプのフレンチトーストです。ベーコンとスナップえんどうをいっしょに蒸し焼きに。ちょっとしたブランチにおすすめです。

材料と作り方／2人分

/// 卵液 ///
卵 —— 1個
牛乳 —— 80㎖
チーズすりおろし —— 大さじ1
塩 —— 小さじ⅓
こしょう —— 適量

食パン（5枚切りのもの）—— 1枚
スナップえんどう —— 10個
サラダ油 —— 大さじ1+½
ベーコンの細切り —— 50g

1. ボウルに卵液の材料入れてよく混ぜ合わせ、バットに入れる。
2. 食パンを4等分に切って**1**に浸し、15分ほどたったら裏返す。再び15分ほど卵液を食パンに染み込ませる。
3. スナップえんどうはへたと筋を取る。
4. 鍋にサラダ油を入れて中火弱で熱し、**2**の食パンを並べ入れてふたをし、弱火強で3分ほど焼く。
5. 焼き色がついたらひっくり返して隙間にスナップえんどうとベーコンを入れて（ⓐ）ふたをし、弱火で3分加熱する。火を止めてスナップえんどうに塩をひとつまみ（分量外）ふる。

ファーブルトン

17cm
セラミック

フランス・ブルターニュ地方のファールというお菓子で、牛乳のおかゆという意味。ラム酒の風味ともちっとした独特の食感がクセになるおやつです。

材料と作り方／2人分
卵 —— 2個
グラニュー糖 —— 30g
薄力粉 —— 25g
牛乳 —— 120㎖
ラム酒 —— 大さじ1
セミドライプルーン（種を抜いたもの）—— 6個（60g）

1. 鍋にバター（分量外）をぬり、薄力粉（分量外）を薄くまぶす。
2. ボウルに卵1個を割り入れてグラニュー糖を加え、泡立て器ですり混ぜる。混ざったら薄力粉を加えてよく混ぜる。だまがなくなめらかに混ざったら、残りの卵と牛乳（ⓐ）、ラム酒を加えて混ぜる。
3. **1**に**2**を注ぎ入れて、セミドライプルーンをちらす。
4. 200℃に予熱したオーブンに入れ、40分ほど焼く。しっかりと焼き色がついて、中心を軽く押してみて弾力があれば焼き上がり。

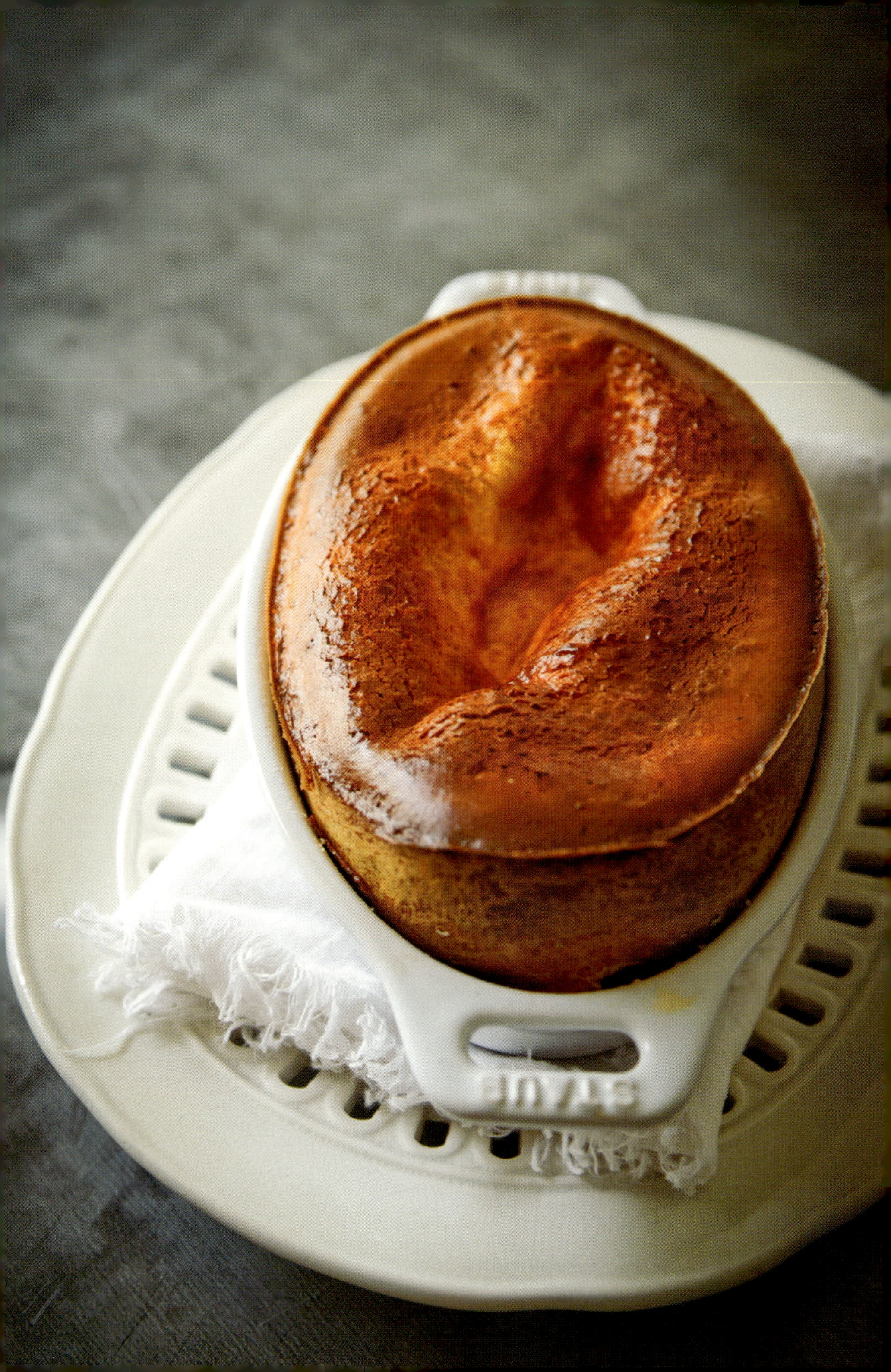

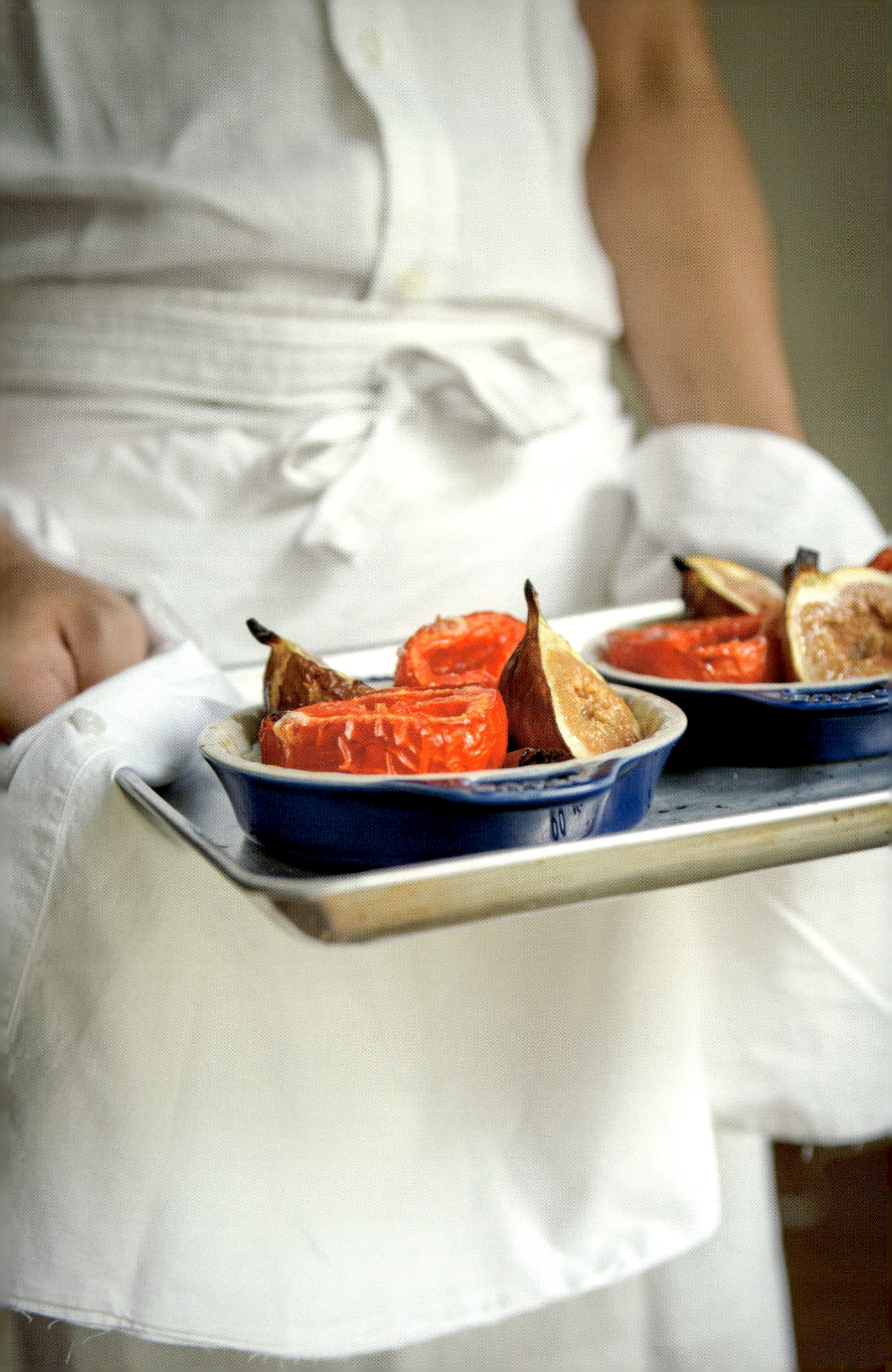

いちじくとトマトのオーブン焼き

13cm セラミック

いちじくとトマトの水分に砂糖とオリーブ油が溶け合ってさっぱりとしたデザートに。シナモンの香りがおいしさの後押しをします。

材料と作り方／2人分
いちじく —— 2個
トマト —— 2個
砂糖 —— 約大さじ6
シナモンスティック —— 1本
オリーブ油 —— 大さじ3

1. いちじくは表面をさっと洗って縦に半分に切る。トマトはへたをくりぬき、横に半分に切って種を取り除く。
2. グラタン皿に1の切り口を上にして交互に並べ、砂糖をふりかける（トマトに多めに）。シナモンスティックを半分に折って入れ、オリーブ油をまわしかける（ⓐ）。
3. 200℃に予熱したオーブンで表面の水分が飛んで軽く焼き色がつくまで、15分ほど焼く。

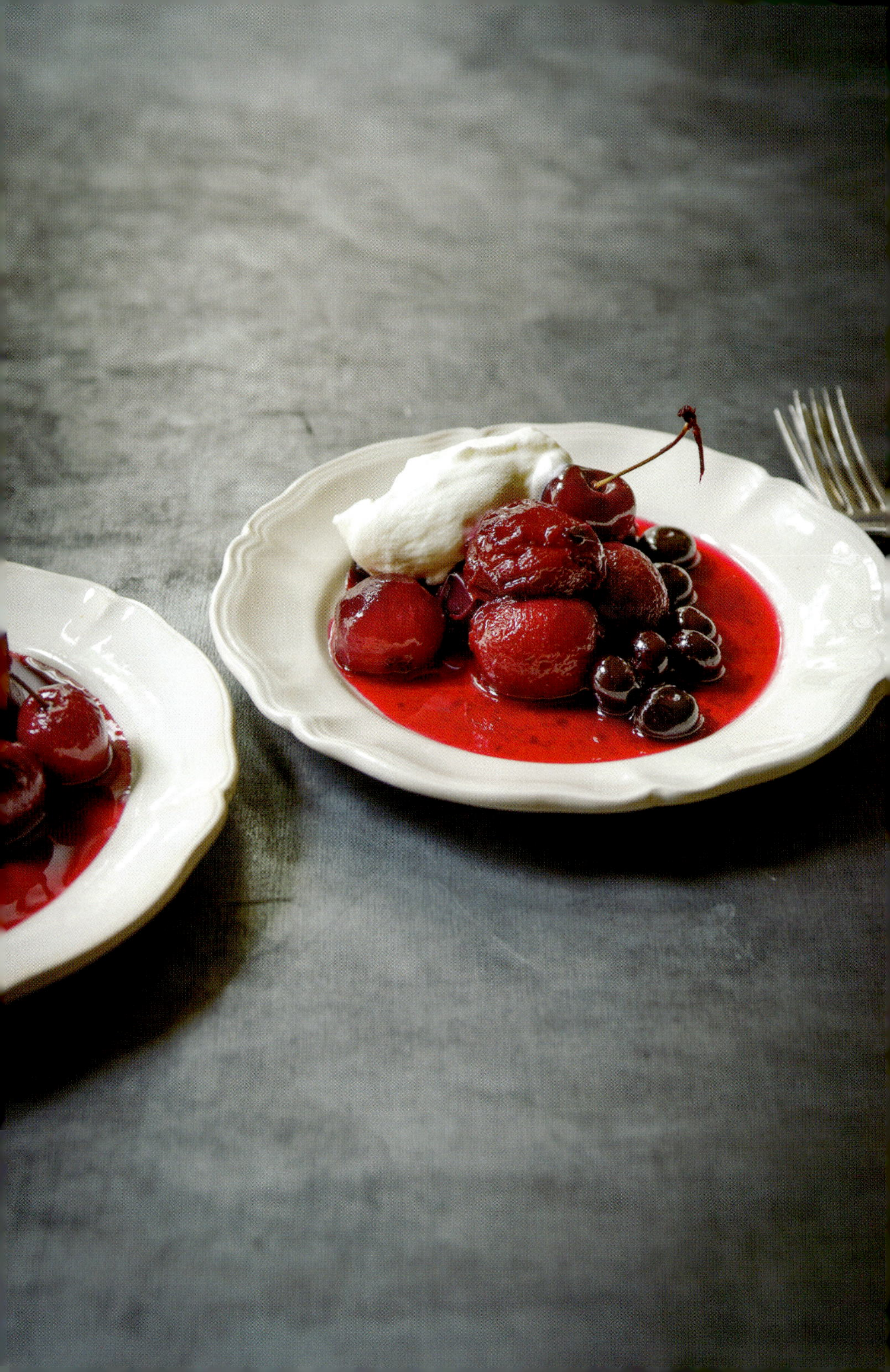

赤いフルーツのコンポート

17cm
オーバル

水を加えず、フルーツの水分とワインだけで煮込みました。濃縮された味と香りが舌をうならせます。いろいろなフルーツを入れて楽しんでみて。

材料と作り方／2人分
ピオーネ（種なし）—— 280g
プルーン（生）—— 6個
アメリカンチェリー —— 20個
赤ワイン —— 50mℓ
砂糖 —— 50g
ブルーベリー —— 100g
生クリーム —— 100mℓ
砂糖 —— 大さじ1

1. 鍋に洗ったピオーネ、プルーン、アメリカンチェリーを入れ、赤ワインと砂糖をふりかけてふたをする。
2. 中火弱にかけて熱し、水分が沸騰したらブルーベリーを加え（ⓐ）、弱火強にして煮汁が絶えず沸騰している状態を保つ。ときどきふたをあけてへらでフルーツの上下を返して混ぜ、10分ほど火を通してそのまま冷ます。
3. 器に盛り、生クリームに砂糖を加えて泡立てたものを添える。

本書で使ったストウブの鍋

ストウブの鍋（ピコ・ココット）は大きく分けて丸形のラウンドと楕円形のオーバルの2種類があります。それぞれサイズがたくさんありますが、ラウンドは偶数、オーバルは奇数になっているのが特徴です。ラウンドなら、10cm、14cm、16cm……、オーバルなら11cm、15cm、17cm……と。色もブラック、グレー、バジルグリーン、グレナディンレッド、マスタードなど豊富です。初めて購入するなら、自分の好きな色、そして使いやすいサイズを選ぶといいでしょう。本書ではひとりごはん、ふたりごはんと分けてあるので、それを目安に選んでも。各レシピで使った鍋は、大きさと形をそれぞれに記載しています。ほかに、セラミック製品の楕円形のオーバルディッシュやパイ型のパイディッシュも使っています。

本書で使った鍋。積まれた鍋の左がラウンドで上から10cm、14cm、16cm、18cm、20cm。右がオーバルで上から11cm、17cm、23cm。手前左はセラミックのオーバルディッシュ17cm、右は同じくセラミックのパイディッシュ13cm。

著者プロフィール

サルボ恭子
Kyoko Salbot

料理家。老舗旅館の長女として生まれ、料理家の叔母に師事したのち渡仏。パリ有数のホテル「ホテル・ド・クリヨン」で研修、勤務しながら、フランスの郷土料理に魅了され、帰国後、料理研究家のアシスタントを経て独立。自宅で料理教室を主宰。素材と向き合い、その持ち味を引き出す料理を得意とし、出張料理やケータリングで料理が最もおいしく味わえる"瞬間"を届けている。雑誌やテレビなどでも活躍し、洗練された家庭料理には根強いファンも多い。著書に『ストウブで作るフレンチの基本MENU BOOK』(実業之日本社)、『毎日活躍!「ストウブ」で和洋中』(講談社)、『「ストウブ」だからおいしい、毎日レシピ』(河出書房新社)などがある。

http://www.kyokosalbot.com/

アートディレクション・デザイン
　小橋太郎(Yep)

撮影
　竹内章雄

スタイリング
　城　素穂

企画・編集
　小橋美津子(Yep)

Special　Thanks
　◯ストウブ
　（ツヴィリング J.A. ヘンケルスジャパン）
　お客様相談室　📞 0120-75-7155
　http://www.staub.jp/

　◯デニオ総合研究所
　http://www.deniau.jp/

撮影協力
　◯initial ATELIER（イニシャルアトリエ）
　〒164-0013
　東京都中野区弥生町1-20-7
　03-6276-5323
　hello@archeologie.jp

　◯而今禾（じこんか）
　〒158-0081
　東京都世田谷区深沢7-15-6
　03-6809-7475
　http://www.jikonka.com

　◯donum（ドナム）
　http://donum.jp/

　◯MAISON GRAIN D'AILE
　（メゾングランデール）
　〒540-0039
　大阪府大阪市中央区東高麗橋2-31
　大阪洋服会館B1
　06-6944-1711
　http://www.maisongrainaile.com

「ストウブ」でひとりごはん、ふたりごはん

2017年4月5日　発行

著　者　　サルボ恭子
発行者　　佐藤龍夫
発行所　　株式会社大泉書店
住　所　　〒162-0805　東京都新宿区矢来町27
　　　　　電話　03-3260-4001(代表)
　　　　　FAX　03-3260-4074
振　替　　00140-7-1742
　　　　　http://www.oizumishoten.co.jp/
印刷・製本　大日本印刷株式会社
©2013 Kyoko Salbot printed in Japan

落丁・乱丁本は小社にてお取り替えします。
本書の内容に関するご質問はハガキまたはFAXでお願いします。
本書を無断で複写（コピー・スキャン・デジタル化等）することは、著作権法上認められている場合を除き、禁じられています。複写される場合は、必ず小社宛にご連絡ください。　R43

ISBN 978-4-278-03795-1 C0077